CW00406074

RAYMOND QUENEAU

Courir les rues
Battre la campagne
Fendre les flots

Préface
de Claude Debon

GALLIMARD

PRÉFACE

Coup sur coup, en 1966, 1967 et 1968, Raymond Queneau écrit trois recueils poétiques, Courir les rues, Battre la campagne, Fendre les flots. *Ainsi coexistent jusqu'à la fin dans son œuvre la création poétique et la création romanesque, qu'il n'a jamais voulu séparer : en 1965 et 1968, il a aussi publié deux romans,* Les Fleurs bleues *et* Le Vol d'Icare.

A soixante-trois ans et plus, le « jeune homme paüvre » monté un jour de 1920 du Havre à Paris pour se raser la moustache et porter des lunettes a pris du poids. *Ses* Exercices de style *et* Zazie dans le métro *l'ont rendu célèbre. Le directeur de l'Encyclopédie de la Pléiade est un personnage important. Dans son bureau, il reçoit avec affabilité ses nombreux visiteurs. N'est-il pas parvenu au but qu'il s'était fixé dans sa jeunesse, « atteindre à une plus haute science et à une plus grande gloire »?*

Pourtant, derrière les épaisses lunettes et le rire si étrange, déconcertant, on ne trouverait ni la certitude apaisée de l'adulte, ni les jouissances d'un orgueil satisfait. Le cœur reste aussi fragile à soixante ans qu'il l'était dans la vingtième année, les questions aussi fortes, plus angoissées peut-être encore car le « faut-mourir » s'approche.

Queneau, l'homme des comptes et des bilans. A chaque moment de sa vie, il lui faut faire le point, compter son avoir, hélas aussi ses déficits. Cette fois il se presse. Lui qui polissait et repolissait ses textes se contente maintenant de les corriger une fois, ou pas du tout. Fendre les flots *se veut « sans rature », comme l'Océan. En dépit du métier acquis, on ne s'improvise pas improvisateur : les repentirs restent nombreux. Malgré tout, la rapidité de la rédaction confère à l'ensemble de ces écrits, relativement courts, une sorte d'allant, de légèreté, de désinvolture apparente.*

Tout l'espace est convoqué dans cette trilogie, composée d'un nombre sensiblement égal de poèmes (154, 155, 154), selon les lois de cette arithmétique secrète qu'il affectionne. La ville d'abord, la seule, Paris. La campagne ensuite, plus indifférenciée à première vue, en réalité toute pénétrée de souvenirs et d'observations. La mer enfin, lieu des origines et de l'enfance havraise. Mais cet espace est fragmenté, vu au microscope. Queneau travaille dans le petit : petites choses, petits animaux, petits faits, petites gens. Petite malice, petite satire, petite dérision. La population des recueils, ce sont plutôt les pauvres types, les déshérités de la vie que ne transmue par l'or baudelairien : Noirs en exil, balayeurs, paysans pas trop malins. Les animaux favoris, ce sont les plus disgraciés, les plus menacés : insectes, limaces, charançons, colimaçons, mouches, fourmis. Queneau aime les grains et les graines, tout ce qui se délite, s'en va en poussière, les gravats de la démolition, les miettes : du sable entre les doigts. Tout petits aussi, à peine perceptibles, les indices d'un jugement discret, où s'ouvre la trappe du découragement : simple glissement, après un silence, d'un « parfois » à un « rarement » qui suffit à renvoyer au néant le désir et l'espoir humains :

Départ alarmant
calmes plats ou tempêtes naufrages et parfois
les îles fortunées

rarement
les îles fortunées

Petit truc subtil et efficace : en un retournement plein d'humour, les interrogations du « Retraité » changent de sens entre le début et la fin du poème et le bonheur d'être débarrassé à la campagne des « ouatures mutines » devient regret mélancolique. Ce parti pris d'atténuer, de minimiser, s'il est antihéroïque, antilyrique, est aussi un parti pris de tendresse : Queneau aime le mot « ru » qui a le bon goût de si bien mimer la chose, le petit ruisseau, en son économie extrême. Il plaint la mort, vieille femme fatiguée dont la faux traditionnelle se transforme en sarclette, et qui doit malgré tout continuer d'exercer son « petit métier ».

Ce petit monde vit des petits événements quotidiens, une bulle d'eau s'écrase, un hibou chante dans la nuit, une dame et un monsieur attendent l'autobus. Les plus grands petits événements, pour l'écrivain, n'ont pas lieu dans la rue, mais dans le dictionnaire. Quelle folie de l'ouvrir au mot « hêtre » et comme le cratylisme y trouve son compte, du fou-fagus à Hamlet (via la langue française)! La fougère ne convoque pas seulement le règne de la nature, mais Chaulieu et Boileau, puisque la fougère est aussi un verre à boire et qu'ainsi « le vin pétille dans la fougère ».

Cette modestie est pourtant loin d'être sans pièges, et sans ambition. Dans le jeu, l'enjeu : dire l'homme et le monde, se dire. Tout à coup tout se complique, se multiplie, se reflète : la poésie est là, dans ce vaste roman en vers, échos et rythmes, calcul qui résonne, proliféra-

tion du sens. Le grain de raisin, c'est la terre ovoïde projetée dans l'espace, aussi vulnérable que la « grume entre les doigts ». Le grain de blé scintille au ciel dans le « grand champ picoré ». La graine voyage dans l'espace, tandis que les ouatures sont pour l'oiseau qui les observe « de petits grains qui roulent ». Dignité du grain de sable... On sait sur quelles convictions traditionalistes repose cette accession du moindre au plus, formulée clairement dans l'exergue de Courir les rues : « εἶναι γὰϱ καὶ ἐνταῦθα θεούς » *(en effet, là aussi il y a des dieux) et dans le poème de* Battre la campagne, « *L'esprit et la matière* » :

dignité de l'éléphant
dignité du ciron

dignité du chêne
dignité du lichen

dignité de la montagne
dignité du grain de sable

les consciences charnues s'étalant sur les plages
ont-elles la grandeur des âmes d'un micron?

Tout à cette lumière prend une autre dimension : *l'ensemble de la trilogie d'abord, qui trace à reculons les routes d'une vie, jusqu'au bilan final de* Fendre les flots *où s'ébauche l'élan, modeste encore, « vers un peu d'air bleu », signe d'une permanente tension vers le mieux, étape d'une quête. Chaque recueil ensuite, qui, en dépit de ses liens avec les autres, conserve sa particularité.*

Laissons Queneau présenter lui-même Courir les rues : « *Ceci n'est pas un recueil de poèmes, mais le récit d'allées et venues dans un Paris qui n'est ni le "Paris mystérieux* ", ni le " *Paris inconnu* " des spécialistes. *Il n'y est question que de petits faits quotidiens, des pigeons, du nom des rues, de touristes égarés : une sorte de promenade idéale dans un Paris qui ne l'est pas, une promenade qui commencerait à la Pentecôte et finirait à la Toussaint, avec les feuilles mortes.*

« *L'auteur n'a eu d'autre prétention que d'imiter les grands maîtres : Horace, Martial, Boileau; et, en cette seconde moitié du XXe siècle, de moudre encore une fois, sur son orgue personnel, quelques thèmes classiques.* »

Tout dans ce texte est à la fois restrictif et ambitieux. Queneau se veut classique, il se rattache à la grande tradition de la satire. Les allusions à la Pentecôte et à la Toussaint, même si « *La Toussaint généralisée* », « *Lundi de Pentecôte* » *et* « *Genèse XXXII, 24* » *inscrivent au centre du recueil la coexistence des vivants et des morts, ne paraissent pas désigner ici une de ces architectures cachées qui président d'ordinaire à l'élaboration de ses ouvrages. Il s'agit plutôt de la période pendant laquelle a été composé* Courir les rues, *qui correspond à l'afflux des touristes à Paris, touristes auxquels s'identifie le promeneur. Parmi les nombreux titres envisagés pour le recueil,* « *Farrago* » *signifie* « *un mélange confus de choses disparates* », *une sorte de satire, au sens étymologique du mot. Mais, au-delà de la chronique, le regard vif porté sur la vie quotidienne suffit à la prise de conscience du Temps et du Mal qui nous gouvernent. Héraclite et Heidegger sont les grands patrons fantomatiques de ces pochades.*

Pochades au demeurant bien savantes parfois. Queneau se souvient de la période de sa vie où il tenait dans L'Intransigeant *sa chronique quotidienne,* « *Connaissez-vous Paris?* », *et elle lui inspire maint détail érudit. Il appelle aussi à la rescousse ses prédécesseurs experts ès poésie et promenades parisiennes, le Flaubert de* Bouvard et Pécuchet, *Proust et Apollinaire, Prévert et Breton. La vertu physique des mots suffit aussi à engendrer le poème, comme dans « 18-12 », fantaisie caprine sur les rues Capron et Capri, et dans « Le quai Lembour » où le procédé devient toponyme. A moins que l'écrivain n'ait recours à des collages en reproduisant un article de journal ou les « concordances baudelairiennes », sortes de ready-made dépaysés par leur nouvelle et insolite situation. Il y a aussi les ready-made du langage, comme cette expression toute faite, « chercher midi à quatorze heures », prison démantelée à son tour dans « Une prison démolie » :*

> On démolit
> le Cherche-Midi
> à quatorze heures
> tout sera dit

Pastiche de Verlaine, allusion à Nerval, récupération des « fous littéraires », tout est clin d'œil complice à un lecteur pas trop ignare.

Au bout du compte surgit une joyeuse petite apocalypse, une « Toussaint généralisée ». Tout fout le camp, et nous aussi, et aussi le mythe de Paris en passe de devenir l'antimythe : voyez « Mon beau Paris ». « Luth, est-ce? », autre titre envisagé, aurait plaisamment souligné cette démolition et cette absence, et ce paradoxe d'en rire en chansons.

Queneau présente encore lui-même le deuxième volet du triptyque, Battre la campagne *: « Ce livre fait suite à* Courir les rues. *Les rues, si on les suit jusqu'au bout, mènent aux champs ou dans les bois. On y rencontre des paysans, des plantes, des animaux, mais la ville avance le long des routes nationales. Y aura-t-il toujours des paysans, des plantes, des animaux? Ou plutôt y aura-t-il toujours ces paysans, ces plantes, ces animaux? Se* *retournant vers son enfance, l'auteur se souvient qu'il rencontra ses paysans, ses plantes, ses animaux.*

« *Souvenirs et questions se présentent sous forme de poèmes.* »

On le sait, dans la lignée de Baudelaire et fidèle à ses propres goûts, Queneau citadin préfère la culture à la nature. Il rappelle cependant avec malice dans une interview accordée à Babette Rolin : « *Je n'ai rien contre les forêts. En cherchant bien dans mon œuvre, vous devez bien en trouver un petit morceau ici ou là.* » *Il reste que sa nature est toute pénétrée d'humanité et que la frontière entre la ville et les champs tend à s'estomper, sous l'effet corrosif de la civilisation. On retrouve dans ce recueil, modulés en fonction du sujet, thèmes et procédés déjà présents dans* Courir les rues : *l'usure des choses, l'érosion, la marche à la mort; les petites scènes réalistes croquées sur le vif, avec l'intrusion en force des objets de la technique moderne; les collages multiples et les allusions, à Ronsard, Vigny, Shakespeare, Gide, Prévert, Rimbaud, Valéry, etc.; les jeux sur les mots. Mais on est surtout frappé par une tonalité générale, assez différente de celle du précédent recueil. Dans les rues, on côtoie une humanité absurde : on en rit, mais elle tient un peu chaud. A la campagne, on saisit l'absurdité du cosmos : elle est moins drôle, on en a peur. Du mal omniprésent dans la nature naît une vague menace. Le poète s'identifie à ce paysan avant tout guidé par la prudence et la méfiance. Une présence quelque peu fantastique s'occupe un peu trop de nous, là-haut. Il faut* « *se tenir à carreau* » :

> restant debout sans trop bouger
> dans un coin perdu de la ville
> on peut toujours espérer
> rester tranquille

*Une sorte de superstition de l'immobilité et du silence,
un éloge de la surdité (« Bien au calme ») font vibrer en
sourdine le pathétique :*

Je n'ai jamais bougé Tout être se boursoufle
Lorsqu'il veut s'agiter au-delà de sa peur

*On ne sait « qui tousse là-haut », on a beau tenter
d'apprivoiser les forces inconnues, cet esprit malin qui
tire la chasse d'eau, ces « géants irascibles », transformer
la nuit en une vieille femme qui « replie soigneusement
sa couverture », les émules de Bébé Toutout sont rien
moins que rassurants. Tout devient piège : le champi-
gnon, l'ortie, la poire nous font courir les « risques
champêtres ».*

*La nature n'est pas bonne. La Fontaine nous avait
avertis, après et avant d'autres. Défiance, prudence...
Même quand il fait très beau, en pleine canicule, « le
bûcheron se demande/S'il ne va pas neiger ». Lui ne
peut que se poser des questions, attendre dans l'angoisse.
Le poète est plus puissant : il lui suffit d'inverser
arbitrairement les lois naturelles, de renverser l'ordre
des choses. Ce n'est plus la vache qui regarde passer le
train, mais le train qui admire son double dans le
taureau « soufflant le feu par les narines ». Ce sont l'oie
et l'âne qui jugent l'homme avec sévérité. Plusieurs
fables de La Fontaine sont ainsi inversées, en d'amu-
sants remake : la cigale vient en aide à la fourmi trop
audacieuse, « La poule enlève le renard ». Le loup
voudrait enfin vivre et échapper aux « morts du loup »,
lieux communs de la littérature. On le voit, renverser
l'ordre des choses, c'est d'abord inverser l'ordre d'un
langage, remplacer le sujet par le complément d'objet.
Cette prééminence du dire se lit aussi dans la fréquente
métamorphose des éléments de la nature en métaphores*

de l'écriture. Queneau établit une véritable équation entre les deux expressions de la phrase célèbre de Rimbaud, « La main à plume vaut la main à charrue » : « j'écrirai des poèmes/la main sur la charrue du vocabulaire ». Ainsi le jeu gratifiant des mots et des phonèmes, les mini-épopées parodiques, les partis pris de renversement et d'arbitraire comme cet « Apprendre à voir » où Queneau s'essaie à l'image-choc des surréa- listes en peignant en mauve les champs de blé, en rouge sang les prés, jetant vers Éluard un regard de conni- vence, tout cela engendre le plaisir ambigu d'une subversion qui n'est pas reniement, en même temps qu'une véritable poésie de la nature, des images discrè- tement oniriques, une nostalgie du lyrisme toujours refoulé par la distance humoristique. Battre la campa- gne, c'est lui donner des coups, sans doute, c'est aussi divaguer comme un malade qui met à la fin du recueil sa fièvre à la fenêtre, peut-être encore la battre comme un tapis sale et usé pour en faire sortir une poussière qui parfois s'irise en une fragile féerie.

Fendre les flots est, des trois volumes, le plus « pensé », le plus construit. Voici la présentation qu'en fait l'auteur : « La vie est une navigation, on le sait depuis Homère. L'auteur regarde s'embarquer un enfant dans une ville maritime, il le suit à travers vents et marées, et donne ainsi un complément à Chêne et chien *ainsi qu'une suite à* Courir les rues *et à* Battre la campagne. *La première partie du recueil est moins autobiographique que la seconde; entre les deux se place un intermède de sonnets. »*

La référence de Queneau à Homère comme l'organi- sation du recueil nous invitent en effet à y voir une Odyssée. Le ru initial va vers l'océan de la vie et du désir (le ru, le rut). Mais, dès le début, le ru ne se confond pas seulement avec l'enfant, il est aussi le principe produc-

*teur des galets-poèmes qui « renaissent sans fin dans le
flot d'eau primaire ». Départ avec l'enfance havraise,
rencontre des poissons et des mollusques, de tout ce
qu'appelle la mer depuis les navires jusqu'aux tempêtes,
repos sur la plage des treize sonnets qui forment le
prélude à la dernière partie, autobiographique, qui suit
la courbe d'une vie et forme un ultime bilan. Une
architecture secrète et astrologique, du signe du bélier au
signe du poisson, symbole de renouvellement, sous-tend
cette évocation où l'on reconnaît sans peine les grandes
étapes d'une existence : l'enfance et la famille, la
découverte du monde dans les livres, la venue à Paris, la
période difficile du « naufrage parisien », le service
militaire, le surréalisme et son abandon, les fous, la
psychanalyse, la guerre, Saint-Germain-des-Prés et la
descente sur la « pente tragique ».*

*Mais là ne réside pas uniquement l'intérêt du recueil.
Le jeu, révélé par les avant-textes, se fait plus savant
encore, plus oulipien parfois avec les acrostiches com-
plexes qui engendrent le poème : COR/RUP/TI/O
OPT/IMI/ PES/SIM/A pour « La mer des Sargas-
ses » :*

> *C*orde tendue corde mouillée
> *rup*ture interne échevelée
> *ti*raillerie par quoi provoquée?
> *o*ubli au début de l'année (etc.)

*La mer des Sargasses est caractérisée par une faune
originale qui n'existerait pas sans le support des algues
particulières à cet endroit : le titre pourrait ainsi
désigner le procédé même qui donne naissance au
poème.
PO/ST/ TE/NE/BR/AS/ LU/X/, OR/DO/ AB/
CH/(A)/O/S engendre « Bois flottés ». Plus subtil encore*

est *l'acrostiche VINCIT OMNIA VERITAS de « Résipis-cence » puisque le VIN entraîne le vinaigre auquel se substitue le fiel, la CITé la ville, ITA(S) l'Italie désignée métonymiquement par son drapeau rouge, blanc et vert.*

(Vin)   (cit)
Fiel en pluie tombant sur la *ville*
          où le chagrin hurla
*o*mbre que la nuit ourla
n'y a-t-il plus de sentence?
                              (ita)
*Ver*s ce qui point *rouge blanc vert*
aube d'un jour neuf découverte
assiste ma résipiscence

Jeux gratuits, dira-t-on. Certes, sans les révélations des avant-textes conservés par Queneau, qui les décrypte-rait? Pourtant ils ne sont que la mise en œuvre consciente des lois qui président à la création poétique : choix dans l'axe paradigmatique, substitution d'un mot à un autre qui gouverne la métaphore comme la métonymie, engendrement phonétique du poème. Le jeu de la substitution est encore en œuvre dans « Épi-sode » où le « mouton » est préféré au « bélier », le « veau » au « taureau » : la référence astrologique est occultée, mais l'affaiblissement du registre et ses poten-tialités comiques s'accordent à l'image que l'auteur veut donner de sa jeunesse.

Au demeurant, chez un vrai poète, les jeux ne sont jamais gratuits. Ainsi la sentence de « La mer des Sargasses » — la corruption du meilleur est la pire — trouve une lointaine résonance dans « Les idées vivent du sang des hommes » où Queneau se montre très proche du scepticisme tragique d'un Cioran : « Et les hommes du Ceci et ceux du Cela s'écrasent mutuellement la tête avec de lourds pavés [...]. » Mais plus qu'à une référence philosophique, le poème, en son occultation si prononcée, pourrait renvoyer à un sujet tabou : l'amour. Bonheur, erreur : c'est la rime qui, comme dans les haï-kaïsations pratiquées sur Mallarmé (voir Bâtons, chiffres et lettres*), porterait le sens.*

Fendre les flots s'est allégé de tous les textes encombrant la mémoire, même si se reconnaît, ici ou là, une allusion ou un pastiche, comme celui du Bestiaire *d'Apollinaire dans « Le poisson des grandes profondeurs ». La maîtrise la plus grande est atteinte, avec toutes les gammes parcourues dans les recueils précédents, depuis les poèmes-souvenirs, les poèmes narratifs en forme d'apologues, les poèmes à l'infinitif — prescription ou rêve — jusqu'à ces modulations de mots-phrases qui préludent au dernier recueil,* Morale élémentaire. *La richesse thématique de l'Océan est telle qu'elle peut cristalliser tous les possibles, métaphoriser aussi bien la vie humaine que la mort dévoratrice, l'abîme de l'inconscient que les mots-vagues. Une grande dynamique l'anime, un appel vers « là-bas », toujours frustré. Ce grand élan se vaporise, se miniaturise, se regarde avec ironie, se brise en écume impalpable :*

De tout cela rien ne s'élève
il faut attendre et tendre
vers un peu d'air bleu
au-dessus de la brume au-dessus de l'écume au-dessus du
  rêve

Oui, jusqu'au bout de sa vie, et avant ce dernier chef-d'œuvre que sera Morale élémentaire, *Queneau est resté poète, dans cette étrange zone intermédiaire où le lyrisme et la satire font bon ménage. Une œuvre qui se mérite, car ses vertus de séduction trop évidentes cachent souvent sa profondeur. Une sensibilité qui rougirait de s'exhiber, un sens du comique qui sert d'exorcisme. Une modernité qui se paie le luxe d'utiliser encore le vieil alexandrin ou le sonnet prétendument disparu de la poésie moderne, un goût des mots inséparable d'une appréhension dramatique de l'existence et du monde. Questions multiples, légèrement posées, et si lourdes! Qui a mieux que lui, dans la poésie française, illustré l'esthétique préconisée par Apollinaire en 1917, dans sa conférence sur « L'Esprit nouveau et les poètes »? : « Il n'est pas besoin pour partir à la découverte de choisir à grand renfort de règles, même édictées par le goût, un fait classé comme sublime. On peut partir d'un fait quotidien : un mouchoir qui tombe peut être pour le poète le levier avec lequel il soulèvera tout un univers. »*

Claude Debon

Courir les rues

εἶναι γὰρ καὶ ἐνταῦθα θεούς
(Héraclite)

LES HERBES DANS LA VILLE

La botanique examinée au bas des murs
rouille de l'asphalte
la palpation imaginable les élève à la dignité de
   plantes
émanées de la terre
au rang de différends

LE MÉTRO AÉRIEN

A l'abri de l'escalier
s'en vont les jupes en l'air
quai de Passy près du pommier
de la propriétaire d'un appartement inoccupé
où se déshabille
une dame

LE REPAS DE NOCE

Le marmiton crasseux crache dans la brioche
il a même un furoncle dans le nez
la noce se réjouit, bouffe de la brioche

elle est empoisonnée, la noce
venue nocer près du lac jaune
un jour d'hiver au bois de Vincennes

RUE VOLTA

La petite échoppe ancienne
au cinq de la rue Volta
rareté électricienne
dont le nom s'égara là
garala garala
garala pile à Volta

GRAFFITI

Le graveur voit disparaître
une à une les pissotières
tableaux noirs où ses écrits
manifestaient une grammaire
              alerte

(variante)

Le graveur voit s'évanouir
une à une les vespasiennes
tableaux noirs où ses désirs
              s'écrivirent
sans angoisses grammairiennes

PROBLÈME DE COSMOGRAPHIE

Lorsque le soleil tombe lentement derrière l'arc de
     Triomphe
que fit ériger ce vilain traîneur de sabre que fut
     Napoléon
il semble que cet objet céleste se gonfle se gonfle se
     gonfle
et rougeoie comme braise avant de s'aller coucher du
     côté de Vernon

Que devient-il alors? On a fait des enquêtes
On a cherché l'auberge où ce gros globe passe la nuit
Dort-il d'un sommeil lourd? Où pose-t-il sa tête?
Où se trouve le pieu dans lequel il s'enfouit?

La ville est dans le noir. Où donc est la lanterne
qui cheminait dans le ciel alors qu'on n'en avait pas
     besoin
puisque le jour émanait de l'horizon sans bornes

Oui que devient là-bas cet être globulaire
qui disparaît le soir on ne sait dans quel coin
laissant à la fantasque un écho de sa gloire

LES BOUEUX SONT EN GRÈVE

C'est jour de grève des boueux
on a la chance de pouvoir ce jour-là
jouer au chiffonnier au chineur

au brocanteur qui sait même à l'antiquaire
il y a un peu de tout
le choix est difficile
entre la poupée sans yeux sans bras sans nez
la boîte de sardines qui a perdu en chemin toutes ses
    sardines
la boîte de petits pois qui a perdu en chemin tous ses
    petits pois
le devoir déchiré qui a décroché non sans mal un
    zéro
le tube de pâte dentifrice qui a passé sous plusieurs
    compresseurs rouleaux
l'os l'arête le coton hydrophile
oui le choix est difficile

les poubelles bâillent au soleil de midi
toutes pleines de choses bonnes à cueillir
pour celui qui sait

tout à coup on aperçoit là... là... là...
une œuvre d'art... d'art... d'art...
abandonnée là... là... là...
par un philistin ignare
et sur laquelle on saute dare-dare
parfois c'est la Joconde que l'on retrouve ainsi
parfois c'est la Ronde de Nuit
parfois la Vénus de Milo
parfois le Radeau de la Méduse de Théodore Géri-
    cault

mais ce n'est pas tous les jours grève
jour de grève des boueux

IL FAUT FAIRE SIGNE
AU MACHINISTE

La dame attendait l'autobus
le monsieur attendait l'autobus
passe un chien noir qui boitait
la dame regarde le chien
le monsieur regarde le chien
et pendant ce temps-là l'autobus passa

LES PROBLÈMES
DE LA CIRCULATION

Il a pris sa voiture les pigeons avaient chié dessus
et puis il a fait du cinq de moyenne
pendant des heures et des heures
il a éraflé une aile
il a bosselé son pare-chocs
on lui a craché sur son pare-brise
et il a attrapé cinq contraventions

ah qu'il ah qu'il ah qu'il est content
d'avoir promené sa bonne ouature
si elle lui a coûté tellment d'argent
c'est pas pour en faire des confitures
et bing et poum et bing et pan

LES OPTIMISTES

Les habitués du Lutèce ont en général la peau très
   foncée
Les consommations sont renouvelables toutes les heures
dit la pancarte
Dans la cabine téléphonique un des clients a écrit :
l'Afrique ira dans le Soleil en 1967

MÉMORABLE

Le 18 mai 1966 l'Aurore s'écrie

**NÉ SOUS LE SECOND EMPIRE, LE CENTE-
NAIRE DES INVALIDES TOUCHE SA PRIME
DEPUIS 61 ANS!**

né sous le Second Empire : en 1866
le centenaire   : il était sous-lieutenant de
                             gendarmerie à la Réunion,
                             en Algérie, à Madagascar
sa retraite   : il a été réformé en 1905

UNE MÉMOIRE ÉTONNANTE

Le retraité confie au jour- : « Je n'ai aucun souvenir mar-
   naliste   quant, et c'est dommage,
                              car je me souviens de
                              tout. »

UN PRÉCURSEUR

Nom	: Noiret
né en	: 1712
entre aux Invalides en	: 1750
mort en	: 1813
mémoire	: les chroniques ne disent rien
	à ce sujet

LES SIRÈNES DE SÉBASTOPOL

Soixante-cinq boulevard Sébastopol
il y a deux sirènes sculptées au-dessus d'une porte
elles ne doivent pas être très anciennes
elles datent sans doute du dix-neuvième siècle
elles n'ont aucun intérêt pour les archéologues
mais si elles sont là ce n'est pas sans intention
quel rapport avec l'architecte auteur de cette bourgeoise
    construction?
quel rapport avec le propriétaire qui portait peut-être un
    bonnet de coton?
il y a là un mystère qui a tout autant d'intérêt qu'un
    autre
une fois qu'on a découvert ces deux modestes sirènes
modestement sculptées, merveilles incertaines

PLACE DE LA BASTILLE

Il y a une lettre de Leibniz
datée du 14 juillet 1686
dans laquelle il signale l'importance

du principe de raison suffisante
c'est une date dans l'histoire de la philosophie
c'est pourquoi chaque année le peuple de Paris
sur les places publiques danse toute la nuit

LE PETIT PEUPLE DES STATUES

Le petit peuple des statues
du jardin des Tuileries
est un petit peuple de nudistes
ces messieurs et ces dames
se mettent volontiers à poil
bien qu'il y ait là des enfants
et des touristes à l'âme pure

et les pigeons chient dessus
sur le petit peuple des statues

LES MOUCHES

Les mouches d'aujourd'hui
ne sont plus les mêmes que les mouches d'autrefois
elles sont moins gaies
plus lourdes, plus majestueuses, plus graves
plus conscientes de leur rareté
elles se savent menacées de génocide
Dans mon enfance elles allaient se coller joyeusement
par centaines, par milliers peut-être
sur du papier fait pour les tuer
elles allaient s'enfermer
par centaines, par milliers peut-être

dans des bouteilles de forme spéciale
elles patinaient, piétinaient, trépassaient
par centaines, par milliers peut-être
elles foisonnaient
elles vivaient
Maintenant elles surveillent leur démarche

les mouches d'aujourd'hui
ne sont plus les mêmes que les mouches d'autrefois

LES ENTRAILLES DE LA TERRE

La bonne et douce chaleur du métro
dehors il pleut il vente il neige
il y a du verglas il y a de la boue
il y a des ouatures qui veulent vous mordre
et puis voilà le métro qui vous attend la bouche
   ouverte
oh! la bonne la douce haleine
on descend gaiement l'escalier
il fait de plus en plus chaud
on oublie la pluie le vent la neige
le verglas la boue les ouatures
une femme charmante ou un bon noir
fait un petit trou bien rond
dans votre rectangle de carton
et vous voilà bien au chaud
dans la bonne et douce chaleur du métro

LUTÈCE (LÉTHÉ)

Le fleuve de l'oubli emporte la cité
avec ses caramels et ses baraques du jour de l'an
ses départs en vacances et ses quatorze juillet
ses cars de touristes son muguet de printemps
les arroseuses municipales de l'été sa neige de l'hiver
ses pluies d'automne qui donnent une odeur électrique à
　　sa poussière
ses bistrots qui changent de nom ses commerçants qui
　　achètent ou vendent leurs boutiques
les rues débaptisées les affiches arrachées
ce fleuve de l'oubli dont on oublie même le nom
　　mythologique
le Léthé oublié ne cesse de couler

PARVIS NOTRE-DAME

C'est le Paris de l'an deux mille
qui se prépare à grands cris
et certains cherchent de l'an mille
quelques traces quelques débris
on creuse on fouille et l'on excave
on s'obstine on ne trouve rien
mais en l'an trois mille peut-être
un moteur antédiluvien

SQUARE DE LA TRINITÉ

Il fait chaud la fenêtre est ouverte
des enfants jouent dans la cour
ils gueulent ils crient ils piaillent
ils m'emmerdent
alors je sors et je vais m'asseoir
sur un banc dans un square voisin
là je suis bien tranquille enfin
et des enfants jouent et piaillent autour de moi, les
   chérubins

LES CŒURS MALHEUREUX

Allez ptite mère grouille-toi on est pressé
ils ne l'ont même pas bousculée
mais elle a tout de même pleuré
après avoir pris soin de s'asseoir sur un banc
ensuite elle a écrit aux Cœurs Malheureux
et on lui a répondu.
mais ils ne sont pas tous comme ça
Alors elle s'est remise à pleurer
la dame de soixante-cinq ans
qui travaille encore et qui marche lentement

UNE FAMILLE BIEN PARISIENNE

L'ératépiste
épouse une sténotypiste
ils ont un fils

sténotypiste
et une fille
érarépiste
le fils sténotypiste épouse une fille érarépiste
et la fille érarépiste épouse un garçon aussi érarépiste
l'érarépiste
qui avait épousé une sténotypiste
a maintenant des petits-enfants
qui sont les uns sténotypistes
et les autres érarépistes
comme on dit, il faut de tout pour faire un monde

CE JOUR-LÀ

(monostique)

J'acquis un timbre Proust au carré Marigny

TÊTE DE STATION

La borne de taxi sonne désespérément
il n'y a personne pour répondre
tous ces gens qui sonnent désespérément
et qui ne trouvent jamais personne pour leur répondre

LES FONTAINES
NE CHANTENT PLUS

Je meurs d'ennui hauprès de la fontaine
le vent se tasse il va bientôt noircir

le jour décroît peut-être il va mourir
peut-être il va couler avec l'eau de la Seine
peut-être il va doucement s'endormir
en ne laissant que trace de silence
Les oiseaux sont muets
       un commerçant ferme les volets de sa
      boutique
         quelqu'un passe il vient d'acheter
         du pain
Je meurs d'ennui hauprès de la fontaine

RUE PIERRE-LAROUSSE

MIRABEAU — Orateur français (1749-1791)
   Encycl. Sous son pont coule la Seine.

DESTIN DU SPORTIF

La foulée courte sur le pavé bavard un deux trois c'est le
   coureur de fond
l'exercice moite à travers le dédale
on n'a pas le droit de circuler ainsi
il se penche
on lui crie des injures
il a soudain une bicyclette entre les jambes
ça hurle plus fort
ça hurle ça hurle ça hurle
il n'approche pas du but padubu padubu
brusquement c'est un moteur qu'il a dans le cul
et c'est lui maintenant qui fait plus de bruit que les
   autres
des mètres et des mètres encore à parcourir

avec toute cette circulation
il pousse quatre roues à sa bicyclette
qui devient grosse d'un capot
et c'est en rolls que Totor arrive à Belleville
dans une rue tout en flanelle

BOULEVARD HAUSSMANN

Les cheminées ont disparu
mais leur ombre court encore
le long des murs de la maison voisine
une ombre de suie

leur demeure abolie
ne circule plus que sur une carte postale
si elle eut cette chance

si non, plus rien

et l'ombre même des cheminées s'efface
tandis que sourit l'agent immobilier

RUE DE RIVOLI

Coligny derrière sa grille
près de la rue de l'Oratoire
se souvient avec mélancolie
du cirque Médrano

Monsieur Auguste demandait au claoune
dites-moi donc le jour de la Saint-Barthélemy

sur qui tirait Charles IX
des fenêtres du Louvre
et le claoune répondait
sur les clients de la Samaritaine

Coligny derrière sa grille
trouve ça triste, bien triste
ce n'est pas un sujet de plaisanterie
le massacre de la Saint-Barthélemy

Il n'est jamais monté sur la terrasse
de ce grand magasin

on y peut boire de la bière et des jus de fruits
et voir dans quelle direction se trouvent Berlin et
    Lagny
ça pourrait l'intéresser pourtant
mais il ne peut y aller maintenant
qu'il est immobilisé
par Crauk et Scellier
qui l'ont mis dans le bronze
peu de temps avant l'année 1891

Alors il reste derrière sa grille
à ruminer sur les malheurs de son temps
qui furent aussi grands que les malheurs du nôtre

PIÉTÉ CLODOALDIENNE

Clous clous chers clous
qui protégez le piéton fou
contre les voitures démentes
feux rouges feux verts

grâce auxquels on va vers
le trottoir d'en face
bandes jaunes striées
priez priez priez
pour les pauvres piétons
qu'ont bien besoin de la protection
de saint Cloud

CONCORDANCES
BAUDELAIRIENNES

(avec la gracieuse autorisation.
du Centre de lexicologie de Besançon)

045008   sur Paris dormant ruisselait
089007   le vieux Paris n'est plus la forme d'une ville
089029   Paris change! mais rien dans ma mélancolie
091026   traversant de Paris le fourmillant tableau
103027   Et le sombre Paris en se frottant les yeux
105016   vomissement confus de l'énorme Paris
105016   trouble vomissement du fastueux Paris
105014   et des fumiers infects que rejette Paris

102000   rêve parisien

089033   aussi devant ce Louvre une image m'op-
         prime

QUINCAILLERIE

Au BHV c'est la SEMAINE UNIQUE AU MONDE
en quoi elle consiste je ne le sais pas exactement
mais l'on peut dire sans exagérer que c'est un véritable
    grouillement
il y a quelques années une pythonisse donnait des
    consultations
Ma fille est du Cancer peut-elle épouser un garçon du
    Capricorne?
et puis un tambour de ville annonçait les occasions
l'une et l'autre ont disparu ça ne faisait peut-être pas
    assez moderne
je me suis acheté un étui à lunettes en fer forgé
en sortant j'ai regardé un démonstrateur fabriquer du jus
    de carottes
avec un appareil que même un enfant de trois ans aurait
    su faire marcher
pas de doute que la SEMAINE UNIQUE AU MONDE ne
    fasse recette au BHV

L'ÉTERNEL BOULEDOSEUR

S'il y avait encore quelques cabanes gauloises
on pourrait les aller visiter
ce serait une sacrée curiosité
mais les urbanistes romains
les architectes romans
les promoteurs gothiques
ont tout démoli sans pitié
ah! s'il y avait quelques huttes celtiques
qu'on pourrait encore visiter

DÉFENSE D'AFFICHER

Lorsque la loi du 29 juillet 1881 fut promulguée
est-ce que les gens se dirent voilà un moment histo-
　　rique
une des dates que l'on verra le plus souvent figurer
sur les documents épigraphiques?
Est-ce qu'ils se demandèrent si c'était aussi, ou plus, ou
　　moins important
que la loi sur la liberté de la presse qui fut votée le même
　　jour ce qui est assez étonnant
et même curieux
à moins qu'il n'y ait un rapport entre les deux
ou même que ce soit
la même
loi
Est-ce qu'ils trouvèrent cela aussi, ou plus, ou moins
　　digne de mémoire
que le traité du Bardo ou l'emprunt d'un milliard
la publication du Crime du membre de l'Institut
　　Sylvestre Bonnard
ou celle de l'œuvre posthume de Flaubert Pécuchet et
　　Bouvard ⌐
sans parler de Sagesse, En Ménage, la Maison Tellier et
　　les Quatre Vents de l'Esprit
la mort de Littré et celle de Dostoïevski

ce fut aussi l'année d'une comète très réussie
une des plus belles qu'on ait vues depuis 1680
moins cependant que celle de 1811 qui donna de si bon
　　vin
et fit croire à Napoléon qu'il allait gober la Russie
les murs ont-ils quelque obscure conscience?

attendaient-ils avec impatience
la loi du 29 juillet 1881?
est-ce qu'ils répugnent tant à se sentir bariolés d'affi-
ches
ou bien est-ce qu'ils s'en fichent?

DES GESTES DÉMESURÉS

On vous interroge
et vous faites des gestes démesurés
comme s'il ne suffisait pas de quelques mots
pour dire :
Monsieur vous prenez deux fois à droite
trois fois à gauche cinquante mètres plus loin
vous tournez devant le pharmacien du coin
et vous y êtes

vous pouvez aussi dire :
prenez donc le métro
cela m'évitera de gesticuler
pour vous indiquer votre chemin,
Monsieur l'égaré

mais c'est peut-être vous qui êtes égaré
lorsqu'on vous interroge
au sujet d'une rue
dont vous n'avez jamais entendu parler
vous voulez cacher votre ignorance
et vous faites des gestes démesurés

LENTILLES VERT ÉMERAUDE

Au marché je lis
Lentilles vert émeraude

je reviens sur mes pas
et je lis
Lentilles vertes Eure-et-Loir

une troisième fois
qu'aurais-je lu
je ne sais pas

UNE PRISON DÉMOLIE

On démolit
le Cherche-Midi
à quatorze heures
tout sera dit

LES PAUVRES GENS

Dans les toilettes du métro
à la station Palais-Royal
on peut lire ces quelques mots
ça me paraît monumental

l'usage de cette cabine
est strictement réservé

aux économiquement faibles
et aux indigents notoires

Huit pieds sept pieds
Huit pieds sept pieds
c'est un quatrain
très verlainien

IL PLEUT
SUR LE COMPAGNON MAÇON

Il pleut
un compagnon maçon passe à côté de moi
il est en compagnie d'un autre compagnon maçon
tout d'un coup le compagnon maçon numéro un
   s'écrie
merde! j'ai oublié ma veste au restaurant
et il court sous la pluie
chercher sa veste au restaurant sous la pluie
comme quoi un compagnon maçon peut être distrait
même s'il pleut

CANADA

Waterloo, Waterloo ton passage
a succombé il n'est plus
Wellington fit donner ses bataillons de piocheurs
et Blücher t'acheva du poids de ses bouldoseurs

Waterloo, ton nom ne figure plus dans l'annuaire du
    téléphone
il n'y a plus que celui de Cambronne
Camulogène chef gaulois
avait déjà un nom bien parisien
un nom de titix un nom de tintin

et qui me dira pourquoi
vient déboucher dans sa rue
l'impasse du Labrador
pourquoi le Labrador? pourquoi Camulogène?
et pourquoi Waterloo?
Qui pourrait expliquer cette coïncidence
que l'on voit du côté de la porte de Vanves

ADIEU VIADUC

C'est à coups de grosses sphères
en plomb en cuivre ou bien en fer
qu'on a démoli le viaduc d'Auteuil
le viaduc, comme on dit, il faut en faire son deuil
mais tout de même on conviendra que ce procédé de
    démolition
dénote chez son inventeur une grande imagination

LE GÉNÉRAL RUDE

En sortant de la Closerie des Lilas
j'admirais la statue du général Rude
je me disais qu'est-ce qu'il a fait ce gars-

là pour avoir un monument là
il n'est pas connu dans l'histoire
pourtant il a dû remporter quelque victoire

c'est alors que je me souvins consterné
que c'était le maréchal Ney
on est gâteux, soit, mais pas à ce point-là
faut que je psychanalyse ça

(un temps)

c'est fait

LA RUE GALILÉE

Pourquoi n'a-t-on jamais chanté
    la rue Galilée
la rue Galilée pleine de dahlias
la rue Galilée pleine d'hortensias
la rue Galilée aux nobles frontons
la rue Galilée aimée des piétons
la rue Galilée bordée de canaux
la rue Galilée chérie des autos
la rue Galilée terriblement belle
la rue Galilée qui est vraiment celle
    qu'il me faut chanter
    en prose et en vers
    à tout l'Univers
    la rue Croix-Nivert

ENCORE LES MOUCHES

Il m'est arrivé de travir
il y a bon nombre d'années
le charroi de mes souvenirs
à une époque où je croyais
qu'un tertre dans la solitude
attendait son explorateur
et que c'était moi ce stupide
je me propulsai intrépide
tout au sommet de cette butte
tout aussitôt j'y fus en but
à la délicieuse clameur
des belles mouches odorantes
qui bruissaient comme des oiseaux
et qui pondaient, les virulentes,
des œufs de futurs asticots
ça grouilla sur cette éminence
j'y contemplai cette ferveur
puis les muscidés s'envolèrent
en emportant tout leur barda
et je restai sur cette terre
à travir encore une fois

ÉTOILE

On regarde passer des bandes d'allumettes
    qui ne s'enflamment pas
On regarde danser des paires de jumelles
    elles marquent le pas
mais ce ne sont pas ces minces jouvencelles
    bien dépourvues d'appâts

qui donnent à Paris sa chaleur touristique
   et son marché commun
      mais cette putain folle qui simule l'autostop
         du côté
      de Maillot et dont on se demande qui elle
         peut bien
      racoler, vraiment qui
         vraiment qui
         c'est un vrai mystère
         mystèr'de Paris

LA TOUR L'HIVER

La tour pâlit sous la neige
et sur les statistiques il tombe des flocons
malgré la vanité de la chose
je cherche à comprendre pourquoi

pourquoi

pourquoi tout cela n'est pas noir, bien noir

à peine un peu gris

BOULEVARD DIDEROT

L'échevin des horaires
mirlitons semi-militaires
siffle dans son tromblon
l'échevin des horaires
mirlitons semi-militaires

agite son gonfanon
tandis qu'à la portière
pleure pleure pleure
un automédon piéton
sans carburateur et sans lumières
emporté par la locomotière
sous l'œil glauque de l'échevin
de l'échevin des horaires
adieu adieu pauvre automédon piéton

il avait cassé sa ouature
non loin de la gare de Lyon

LE DIACRE PÂRIS

Au bout de la rue Mouffetard
devant l'église Saint-Médard
un petit vieux attend une petite vieille
la petite vieille était à confesse
elle arrive toute contente
ça n'a pas duré, qu'elle dit, plus de cinq minutes
le petit vieux ne fait pas de commentaires
ils repartent en trébuchant
dans la direction du Vatican

CONCORDE

Le receveur était un nègre
Je lui demande : combien de tickets
pour la Concorde
Il me répond

mais je ne comprends pas
Je lui demande de nouveau : combien
de tickets pour la Concorde
Il me répond
mais je ne comprends toujours pas
Je lui demande encore une fois
combien de tickets pour la Concorde
Alors il prend un air furieux le receveur noir
il roule des yeux blancs et il crie ·
trois!
Oh! je lui dis, vous n'allez pas me manger pour ça

Non, je ne l'ai pas dit
car c'est défendu de plaisanter
avec les employés de la R A T P

LA TOUR TRANSLATOIRE

La Tour Eiffel perd ses cheveux
ce sont les fils de la Vierge
le Christ aussi est fils de la Vierge
allez me traduire ça en anglais!

LA TOUR SQUELETTIQUE

Tour Eiffel d'ossements
catacombes aériennes
tibias escaliers
et à trois cents mètres au-dessus du sol
le crâne antenne
qui ne parle que pour l'écoute

LE PARIS DE PAROLES

(inventaire)

Une tour Eiffel un caveau caucasien
une place Pigalle un Jardin des plantes
un arc de triomphe une Seine une place de la Con-
    corde
un marché aux oiseaux un autre aux fleurs un autre à la
    ferraille
deux cent vingt-deux rues de Vaugirard
trente-trois rues de Ménilmontant
un grand palais une gare Saint-Lazare
une rue du dernier des Mohicans
une rue de Tolbiac un canal de l'Ourcq
les deux bassins des Tuileries
une rue de Seine
        et encore un Vaugirard

une caserne de la pépinière deux rues de Rome
        et encore une gare Saint-Lazare

une rue de Rennes une rue de l'Échaudé
un Luxembourg une porte Champerret
        et encore un grand palais
un parc Montsouris une avenue des Gobelins
une rue de Bercy un cours des halles
un musée du Louvre une place Saint-Sulpice
des enfants assistés un quai aux fleurs
un métro aérien un gros caillou
        et encore des halles

des innocents des blancs manteaux
un roi de Sicile des rosiers
une salpêtrière une maternité

un carrousel une compagnie du gaz
   les bords de la Seine
un vert galant
          et quelques ratons lavant

HÔTEL HILTON

Le Hilton donne sur la rue Jean-Rey
en face d'un terrain de sport
il jouxte l'immeuble de l'Union internationale des
   Chemins de fer
vachement moderne et pas encore délabré
un peu plus loin il y a le dépôt du district du
   Champ-de-Mars
de la SNCF région ouest
on arrive ainsi
quai Branly
devant la statue du général Diego Brosset
elle est là à cause de Bir Hakeim
dont le pont se trouve à côté
et la station de métro idem
c'est aussi dans cette région qu'il y avait le Veldive
totalement escamoté
c'est aussi dans le coin qu'habitait l'extralucide
dont parle André Breton dans Nadja
elle s'appelait madame Sacco
il donne même sa photo
et son adresse : trois rue des Usines
il n'y a plus de rue des Usines c'est maintenant la rue du
   docteur Finlay
le trois de la rue du docteur Finlay est un immeuble
   très bourgeois
en 1927 il devait être déjà comme ça

il a sans doute été construit en 1907
par Veber et Michau architectes
comme les autres maisons
de la rue Nélaton
il faut signaler en passant qu'il y a
plus de trente voies
qui portent la dénomination de docteur Untel
(il n'y en a pas qui portent le nom de Paracelse parmi
    elles)
je ne sais comment Breton avait découvert madame
    Sacco
moi tout ce qu'elle m'a dit c'était zéro
et malgré toute cette publicité qu'il lui a faite
elle ne figure pas dans le livre de Patrice Boussel
intitulé le Guide des Voyantes des Vingt Arrondisse-
    ments
si l'on continue son chemin
on voit au 23 tout ce qui reste c'est-à-dire pas grand-
    chose
des Extincteurs Knock-Out transférés à Massy dans
    l'ancienne Seine-et-Oise
au 14 la Sté Anme des Engrenages Citroën
inscrit son nom en bleu sur de la mosaïque d'or
on arrive ainsi rue Sextius-Michel
au 10 s'abrite l'Artillerie Navale
et passé la rue Schutzenberger
un groupe scolaire fort apprécié
par le Guide Bleu; construit par Louis Bonnier
en 1912 il fut nous dit-on un des premiers
exemples de l'architecture scolaire d'aujourd'hui
moi je trouve plutôt que ça ressemble aux dessins de
    G. Ry
dans Les Belles Images vers la même époque
mais en moins baroque
sur les plaques modern style finissant Schutzenberger

est écrit avec la lettre m
ce qui a suscité en moi une curiosité extrême
car je me demande bien
quelle peut être la parenté avec le mathématicien
on se trouve maintenant dans la rue Émeriau où des
    bâtiments industriels
se confrontent avec de vétustes demeures débris du
    hameau de Javel
une petite tête de lion tient dans sa gueule le numéro
    quarante-trois
un bel acacia subsiste à l'angle de la rue Linois
la rue des Quatre Frères Peignot n'est pas longue mais
    elle est triste
bien triste
dans ce coin-là il y a des tas de rues qui portent des noms
    d'imprimeurs
il y en a moins quand même que de docteurs
cela s'explique bien simplement puisque le long de la rue
    Gutenberg s'étale
l'Imprimerie nationale
sur les portes il y a écrit
Sortie d'usine stationnement interdit
ce qui vous oblige à réfléchir sur ce mot usine
Littré comme Larousse parlent de machines
mais ce dernier ajoute qu'on y transforme des matières
    premières en produits finis
ce qui jette une lueur singulière sur ce qu'est au juste une
    imprimerie
anciennement une usine était tout simplement une
    machine mue par l'eau
c'est tout de même intéressant de connaître le sens exact
    des mots
on arrive ainsi
dans la rue Cauchy
on ne l'a pas gâté le pauvre Cauchy

en lui attribuant une rue comme celle-ci
mais peut-être qu'un jour pour qu'elle en soit plus
    digne
on y construira des immeubles de grand standigne
et nous voilà au cimetière de Grenelle
il y a là les sépultures des familles Lafontaine et
    Gilot
entretenues par la ville de Paris depuis 1905 et 1907
je me demande bien pourquoi
il y a aussi la famille Tartarin la famille Claoué la famille
    Chaix
et la tombe d'un académicien français
enfin un peu plus loin au 197 bis de la rue Saint-
    Charles
on peut voir une grille modern style ornée de papil-
    lons
et voilà enfin la place Balard
tête de ligne d'autobus et de métro
il y a même une station de taxis
bref c'est pour le piéton un petit paradis

ÎLOT INSALUBRE

On rafistole
    le sol
de l'hôtel
    du Pont-Royal
bon prétexte pour dresser une palissade
et coller des affiches
l'une dit
Avis d'appel d'offres
travaux de démolition
îlot insalubre n° 7

(il n'y a que pendant les guerres que s'élucubre
la démolition des îlots salubres)
l'atoll en question baigne dans la rue des Couronnes la
    rue Julien-Lacroix
la rue d'Eupatoria la rue de la Mare et le passage
    Notre-Dame-de-Lacroix
faut que j'aille voir avant que tout ça ne disparaisse
j'alunis donc devant l'église Notre-Dame-de-la-Croix
une belle construction néo-romane de 1863
en entrant
      j'apprends
         que Ménilmontant
est jumelé avec Willingen
         c'est très européen
on peut y admirer un Saint Paul tombant de son
    cheval
tableau peint en 1819 par J.-B. Charpentier
et Moïse et le Serpent d'airain
tableau peint également en 1819 par Constant-Louis-
    Félix Smith
deux peintres qu'on ne trouve pas dans le vieux Siret
mais qui peut-être figurent dans le Bénézit
il était quatre heures de l'après-midi
il y avait tout de même un enterrement
des fleurs blanches sans doute une jeune fille
les gens pourtant n'avaient pas l'air bien triste
partout ailleurs on se confessait
c'était un samedi veille de Pentecôte
un curé allait et venait en lisant son bréviaire
alors je me suis dirigé vers l'îlot insalubre
le passage Notre-Dame-de-la-Croix est déjà tout
    démoli
une plaque rappelle qu'au 13 habitait un adjudant
    FTP
fusillé par les Allemands à vingt et un ans

ici et là poussent des achélèmes
avec les enfants habituels
l'autre côté de la rue des Couronnes est agrémenté de
    bistros
des Arabes jouent aux cartes
ou bien attendent que le samedi passe
au coin de la rue Bisson un café s'intitule la Jungle
un illusionniste annonce que dans huit jours
il y viendra faire des tours
de prestidigitation
avec en supplément la femme qui escamote sa tête
ça me rappelle Robert Houdin envoyé en mission en
    Algérie
c'est curieux il y a justement une centaine d'années
mais on n'a pas célébré cet anniversaire
on n'a plus besoin de magicien pour impressionner les
    Kabyles
et j'arrive comme ça boulevard de Belleville

DEVANT SAINT-SULPICE

Il y a une mascarade qui sort de l'église Saint-Sulpice
des fidèles déguisés en gens de l'époque romantique
est-ce une nouvelle cérémonie liturgique
ou bien une preuve de l'esprit œcuménique?
non c'est tout simplement cinématographique

LA RONDE

Rien que des maréchaux aux portes de Paris de
    Saint-Ouen à Montrouge
ils ont baptisé tous les boulevards périphériques

au temps du front popu on appelait ça la ceinture
    rouge
mais nous ne sommes pas ici pour faire de la politi-
    que

VOIES

Il y a des rues qui sont des tubes
et des qui sont des arceaux
y a des boulevards qui sont moches
d'autres des broches
sur quoi s'enfilent les autos
il y a des places dodécagonales
certaines proprement infernales
y a des avenues en forme de saucisson
quelques-unes où courent les hannetons
y a des canaux comme à Venise
des îles comme en Frise
des ponts des impasses des quais
des cours des chaussées des allées
quelle quelle quelle variété dans la voirie
        de la ville de Paris

SQUARE LOUVOIS

Le jour de Munich je suis allé à la Bibliothèque
    nationale
seul lecteur
hantant les 1155 mètres carrés du hall construit par
    Labrouste en 1868

un des premiers chefs-d'œuvre de l'architecture métal-
    lique
vingt ans plus tard Eiffel construisait sa tour
un an après c'était la guerre

RESTAURATION

Un bifteck de trois kopecks
au restaurant russe du coin
arrosé de trois bons bocks
au goût fort et alsacien
ou bien d'un peu de thé chinntock
ou bien d'un ouisqui sur les rocks
à l'heure du five-o'clock
manger du couscous africain
du barbecue américain
du canard laqué asiatique
c'est pour le bon Européen
un devoir gastronomique
(à défaut d'un autre)

CHANGEMENT DE RÉGIME

Entre haricots verts et pomm'frites
ah qu'il hésite ah qu'il hésite
il préférerait du boudin
non! non! gronde son médecin

les restaurateurs attristés
par les soucis d'obésité
regrettent les gouttes anciennes

les gouttes du temps de Carême
ou du grand roi Louis le Quatorzième
ou celles des films de Charles Chaplin
tarte à la crème tarte à la crème
Kléber Colombes guide Michelin
dans les romans naturalistes
on voyait des messieurs très tristes
se ravager leur estomac
en consommant chaque jour les plats
d'un bouillon éclairé au gaz

les moralistes actuels
ne veulent pas avoir pitié
de ceux qui s'obstinent à manger

CONSEILS AUX TOURISTES

Sur le boulevard Sébastopol
vous pourrez voir l'Acropole
boulevard de la Chapelle
le quartier de Whitechapel
boulevard Jourdan
le Vatican
porte de Pantin
le Kremlin
quai de la Mégisserie
Istamboul et Sainte-Sophie
dans la rue de Beaune
le Pentagone
rue Saint-Marc
Saint-Marc
rue de Traktir
le pont des Soupirs

rue des Beaux-Arts
Time Square
avenue de la porte de Montrouge
la place Rouge
et si l'averse se déverse
vous trouverez refuge au Café du Commerce

ÉROS PUBLICITÉ

Fête des mères
offrez
bas exciting

des gens indignés

pourtant si les mères ne devaient plus exciter
il n'y aurait que des enfants uniques
tout seuls avec leur Œdipe

UNE PRISON D'AUTREFOIS

Michel Chasles fut un illustre géomètre
à qui Vrain-Lucas refilait des autographes de Vercingé-
   torix
il a sa rue en face de la gare de Lyon
sur l'emplacement d'une prison
qui portait le nom d'un militaire brave tué à Auster-
   litz
auquel on avait attribué un boulevard maintenant
   diderotiste
et non à cause de Jacques-Féréol Mazas qui écrivit

soixante-quinze études pour apprendre le violon
et qui mourut vers le temps où l'on construisit cette
　　prison
mais c'est une simple coïncidence
on l'inaugura le 18 mai 1850
elle remplaçait la Force
laquelle Force le petit Châtelet
comme plus tard Fresnes Mazas
une prison chasse l'autre
qu'est-ce que Michel Chasles a à voir avec tout cela?
que vient-il faire dans cette rue?
aucune curiosité rien que des immeubles bâtis
entre mille neuf cent et mille neuf cent six
pas même une commémorative plaque
ce qui n'aurait rien d'extraordinaire
puisqu'on en trouve bien une au dix-sept de la rue
　　Traversière

RUE DE L'ANCIENNE-COMÉDIE

Le Méphisto est devenu le grill du Cerf-Volant
la spécialité est toujours le rhum blanc
il y a toujours l'escalier qui ne va plus maintenant
qu'aux lavaphones et télébos
on n'y danse plus Baisse un peu l'abat-jour sur un air de
　　tango
il n'y a plus non plus la fresque représentant
　　Méphisto
sous laquelle s'assit un jour innocemment un célèbre
　　écrivain catholique
pour parler avec des amis je suppose de la dernière
　　encyclique

VAUGELAS BOUQUINISTE

TOUT ACHETEUR
DE 5 LIVRES
DONNENT DROIT
A 1 LIVRE GRATUIT

RUE LINNÉ

Les pauvres animaux qu'on voit derrière les barreaux des
    cages
qu'est-ce qu'ils n'entendent pas comme déconnages
que ce soit au Jardin des Plantes ou bien à Vincennes au
    Zoo
qu'est-ce qu'ils n'entendent pas comme propos idiots
les pauvres animaux qu'on voit derrière les barreaux des
    cages
sont bien à plaindre
d'avoir tant d'inepties à craindre
mais ils continuent à brouter avec sérénité
les pauvres animaux enfermés

LA TOUSSAINT GÉNÉRALISÉE

Toute cette ville est pleine de morts
ils grouillent au creux des chemins
    aux croix des carrefours
ils encombrent les rues
ils ne cessent de passer et de repasser
    blanchisseuses défuntes

ils descendent des toits
ils montent aux échelles
ils traversent les fenêtres

ils emplissent la ville tous ces morts

c'est tout juste si on ne les piétine pas

au temps des fiacres des voitures de grande remise
et des locatis
c'était l'anarchie
on traversait les rues comme on voulait
maintenant
les morts les pauvres morts s'arrêtent aux feux rouges
Camulogène passe entre les clous
le roi se met à la fenêtre du Louvre
et Henri Beyle ne cesse d'arpenter la rue Neuve-
    des-Capucines

personne ne bouge

LUNDI DE PENTECÔTE

Il fait foule en ce jour dans les rues de Paris
il pleut du trèpe à ne savoir qu'en faire
il y a quelqu'un qui chante je hais les lundis
fériés où nul ne se peut distraire
il lui suffirait pourtant d'aller à l'église Saint-Séverin
pour y découvrir un tableau de Georges La Tour peintre
    lorrain
et une œuvre beaucoup plus récente puisque le 30 mai
    1966
elle attendait encore qu'on la vernisse

GENÈSE XXXII, 24

Le combat de Jacob avec l'ange est un mystère fascinant
on le voit peint par Delacroix sur un mur de l'église Saint-Sulpice
patrie du premier télégraphe
inventé par Chappe
dont la statue-carrefour Raspail-Saint-Germain
fut capturée par les Germains
qui l'envoyèrent à la fonte
comme le ballon des Ternes
avec son pigeon collé par un bout de l'aile
ce qui est difficilement pardonnable

chaque fois que j'entre dans cette église pour regarder cette fresque
Jacob continue farouchement sa lutte gigantesque
qui va durer toute la nuit
lorsque demain matin le sacristain rouvrira les portes
Jacob et l'ange seront toujours là combattant
et ça durera tant que la peinture ne craquera pas en lamelles
tant que la pierre ne s'effritera pas en parcelles
tant que cette immense bâtisse ne tombera pas en poussière
immense bâtisse dans laquelle on peut pénétrer par une petite porte quand on arrive de la rue Garancière

BOULEVARD DE CLICHY

Le Ciel et l'Enfer ont disparu
le Néant existe toujours
ce que c'est tout de même que de nous

ACOUSTIQUE

Un enfant pleure
une radio crie
une auto freine
une moto pète
un marteau frappe
une hie ronfle
un bus passe
et pourtant il y a encore dans l'espace
des pans
      qui ne bougent pas

BOULANGERIE DES STATUES

Où sont donc tes statues, rue de la Tombe-Issoire
je me le demandais en passant l'autre soir
devant un boulanger dont la boutique indique
qu'il y eut des statues en ce quartier lyrique
sur qui Desnos jeta son charme poétique
« ton regard le plus beau ne fut qu'un accessoire »
où donc sont tes statues, rue de la Tombe-Issoire

JARDIN DU LUXEMBOURG

Sainte Geneviève et Henri Murger
Clémence Isaure et Gustave Flaubert
Anne de Beaujeu Blanche de Castille
Ratisbonne et la Joie de la Famille
Sainte-Beuve et Marie de Médicis
des Faunes la Vénus de Médicis
Laure de Noves et Scheurer-Kestner
Esculape et une harde de cerfs
Anne de Bretagne et Jeanne d'Albret
Minerve et Madame de Montpensier
George Sand Théodore de Banville
Berthe ou Bertrade et Leconte de Lisle
Frédéric Le Play Charles Baudelaire
Ferdinand Fabre et Gabriel Vicaire
Amphitrite et la Famille d'Adam
Marie Stuart Valentine de Milan
la comtesse de Ségur Massenet
un lion une autruche et la Liberté
Vénus et le chapiteau des Baisers
le marchand de masques et Paul Verlaine
Vulcain et le Triomphe de Silène
Stendhal Henri Beyle et Sainte Bathilde
Marguerite de Provence Mathilde
la muse Calliope et Sainte Clotilde
Marguerite d'Anjou et des lutteurs
Phidias et le peintre Eustache Lesueur
une vestale et Louise de Savoie
l'effort et Marguerite de Valois
le gladiateur Borghèse et Velléda
la peinture et le poète Heredia
Marius à Carthage et Diane à la biche

le roi David avec Anne d'Autriche
je mettrai à part, cela va de soi,
le monument d'Eugène Delacroix

PROPRETÉ

Les petits pigeons pleins de fientaisie
allaient et venaient survolant Paris
donnant à ses murs la couleur exquise
du caca aviair couleur un peu grise
ne se doutant pas pauvres innocents
qu'un piège sournois en bas les attend

les voilà capturés!
ils ne sont pas contents

adieu Paris! adieu ma belle ville
dit le pigeon embarqué pour les champs
je ne fienterai plus sur ton Hôtel de Ville
je ne fienterai plus sur tes fiers monuments
quelle tristesse, en y pensant je pleure,
de gaspiller un si bon excrément
qui aurait pu beurré sur les demeures
de ma ville natale en ronger le ciment
la brique le béton le marbre la meulière
oui, s'écrie le pigeon, je n'en suis pas peu fier
ma chiure est de l'acide au PH virulent
adieu mon beau Paris adieu ma chère ville
je pars pour mon exil dans l'auto des agents
je garderai toujours au milieu des croquants
du charme de tes rues l'image indélébile

LE QUAI LEMBOUR

Au bout du quai d'Austerlitz
on crie : il faut se taire, Liszt
au bout du quai de Béthune
y a peut-être une bête, une!
au bout du quai dit d'Anjou
un sale type vous met en joue
au bout du quai de l'Horloge
frissonne qui dehors loge
au bout du quai Arouet-Voltaire
des pigeons qui volent errent
au bout du quai de Passy
on donne le la et pas si
au bout du quai du Point-du-Jour
aube, où duc est?
aube, où duc est?

BATACLAN

En ce temps on chantait Paris ô ville étrange
et merveilleuse il y avait alors deux cent
soixante-quatorze cafés concerts et chaque
année on lançait sur le marché douze mille
nouvelles chansons c'était ça la belle époque
on admirait pétomanes et ventriloques
les comiques troupiers les divas en saindoux
sans Metz et sans Strasbourg fredonner était doux

BATACLAN II

Lorsqu'on eut reconquis l'Alsace et la Lorraine
on se mit à chanter nous n'avons pas d'bananes
et lorsqu'il fut question de défendre Dantzig
ce fut une clameur : mais moi j'ai ma combine
chansons tristes chansons les rois les républiques
sourient en entendant vos mots et vos musiques

1885-1965

Devant Bataclan il y a la statue du sergent Bobillot
il y a des tas de gens qui croient que c'est l'inventeur
d'une certaine espèce de chaussures militaires
pas du tout
c'était un écrivain
qui se fit tuer au Tonkin
il avait écrit un roman Une de ces dames
on continue toujours à se tuer au Vietnam

GRAND STANDIGNE

Un jour on démolira
ces beaux immeubles si modernes
on en cassera les carreaux
de plexiglas ou d'ultravitre
on démontera les fourneaux
construits à polytechnique
on sectionnera les antennes

collectives de tévision
on dévissera les ascenseurs
on anéantira les vide-ordures
on broiera les chauffoses
on pulvérisera les frigidons
quand ces immeubles vieilliront
du poids infini de la tristesse des choses

LE DIABLE A PARIS

Le veau d'or est toujours debout
et le démon itou
il a même sa statue
en pleine rue
place Saint-Michel pour tout dire
c'est un nommé Duret
qui a osé
le statufier
je concède qu'il est en position d'infériorité
mais enfin tout de même
c'est d'un douteux goût
le veau d'or est toujours debout

Le Duret en question se prénominait comme son père
    François-Joseph
lequel pratiquait également la sculpture officielle
aussi se fit-il astucieusement appeler Francisque-
    Joseph
et il acquit la célébrité avec un Jeune pêcheur dansant la
    tarentelle
il est aussi l'auteur d'un Vendangeur improvisant sur un
    sujet comique

il n'hésitait donc pas à mêler le rythmique à l'agrono-
   mique
comme son père avait pétrifié La France protégeant
   l'instruction nationale
il pétrifia La France protégeant ses enfants

on peut donc leur attribuer à tous deux une inspiration
   protectrice
   et institutrice
que tout ceci ne nous empêche pas d'affirmer encore un
   coup :
le veau d'or est toujours debout

LES ERREURS JUDICIAIRES

Le courrier de Lyon a son café rue du Bac
c'est d'une triste banalité
c'est le genre de chose que tout le monde sait
c'est aussi plat que de faire rimer pointe bic et
   tic-tac

MALADRESSE

Si elle n'avait pas méprisé les messieurs bien mis
elle serait maintenant une figure bien parisienne
elle aurait sa place dans les festivals
elle inaugurerait les drug-stores à la pelle

mais elle a méprisé les messieurs bien mis
alors on peut la voir tout au long du jour
                    tout au long des nuits
derrière la vitre d'un café de la rue Quincampoix
                ou de la rue Saint-Denis

LE FROMAGE DE SAINTE-MAURE

En me rendant à Auteuil
je passais rue des Belles-feuilles
lorsqu'il me fut donné de voir
une foule de folles choristes
vêtues de robes améthystes
qui vantaient le val de Loire
et ses produits nutritifs
sur des airs simples et naïfs
c'était une vraie chienlit
mais comme nous étions samedi
les gens d'une dent guillerette
croquaient tartines et rillettes
ah quel plaisir c'était de voir
les avisées et folles choristes
débiter aux gastronomistes
les bons produits du val de Loire
alors m'arrachant à regret
à ce spectacle croquignol
mon petit chemin continuai
en sifflant un air espagnol

18-12

Le copropriétaire
est-il coprophage
et le cupronickel
une cupressinée?
autant dire que les cyprès
sont d'origine cypriote
et que les capricornes
ne se nourrissent que de câpres

voilà ce qu'on se dit
en allant de la rue Capron à la rue de Capri

RUE HARLÉMIE

C'est du 12 au 16 rue Amélie
que se nichent les éditions Denoël
au 5 on peut admirer le (sic) Amely Hôtel
et le Cul-de-Sac Antillais
restaurant martiniquais
le jour où par là je passais
devant le commissariat en face
un flic nègre était de faction
et faisait la conversation
avec un civil de même teinte
au trois, il y a la teint-
urerie : « Au beau noir »
et voilà ce qu'on peut voir
en allant d'un trottoir à l'autre
un lundi de Pentecôte
dans le septième arrondissement

TRAVAUX SOUTERRAINS

Le tunnel municipal
emporte dans son sac nougat
le principal
c'est-à-dire noire terre humus point charbon
le terrain ne s'y prête pas
des trous rectangulaires à droite à gauche dans le coin du
    dos
éclairent le flot lent qui s'irise
mazout doux tremblement du plomb

ZOO FAMILIER

Chats pigeons chevaux perruches
quelques moustiques quelques mouches
les ânes les chèvres les poneys
des champs de Mars ou Élysées
des singes et des perroquets
parfois même des araignées
chiens de race ou simples roquets
dans leurs vases des poissons rouges
dans leurs toisons les pauvres pous
race qui tend à disparaître
les cancrelats et les punaises
les merles les corbeaux les pies
les très peu nombreux ouistitis
les mulots les rats les souris
le perce-oreille issant du fruit
mille-pattes et charançons
sur les faces les comédons

les urus dans les mots croisés
quelques vers dans les framboises

de rares aigles
dans sa cage chante un serin

et puis des humains
et puis des humains

MEN AT WORK

Vingt messieurs habillés de gris
regardaient réparer l'asphalte
vingt messieurs habillés de gris
badaudaient un jour à Paris

Vingt terrassiers leur disent halte
ne troublez pas les cantonniers
vingt terrassiers leur disent halte
laissez-nous réparer l'asphalte

Trente pigeons qui roucoulaient
en gonflant leur gorge de smalt
trente pigeons qui roucoulaient
prennent peur des vingt cantonniers

Trente agents au front de basalte
s'écrient : circulez! circulez!
trente agents au front de basalte
en moins de rien nettoient l'asphalte

Vingt messieurs habillés de gris
plus fiers que mille barons baltes

vingt messieurs habillés de gris
vont badauder ailleurs qu'ici

Vingt terrassiers alors font halte
car il est temps de déjeuner
vingt terrassiers alors font halte
cassant la croûte sur l'asphalte

Vingt autres messieurs très bien mis
dans des vestons couleur cobalt
vingt autres messieurs très bien mis
attendent que ce soit fini

Vingt terrassiers alors s'exaltent
car il est temps de travailler
vingt terrassiers alors s'exaltent
en cassant la croûte d'asphalte

Quatre cents messieurs très bien mis
regardaient réparer l'asphalte
quatre cents messieurs très bien mis
badaudaient un jour à Paris

LOIN DES TROPIQUES

C'est tout un art de balayer
c'est un métier digne d'estime
les ruisseaux comme des torrents
cavalent cavalent cavalent

on doit savoir les diriger
y concentrer les ordures
qu'il faut habilement glisser
sous les ouatures

crottes de chiens vieilles lettres
mégots bâtonnets de sucettes
épingle à cheveux verre brisé
    l'ajonc mouillé
d'une gracieuse parabole
    les fait choir
  en bas du trottoir
    sans une parole

ces artistes municipaux
ont depuis peu souvent la peau
      noire
ils ont un air mélancolique
pensent-ils à la Martinique?
à un marigot africain?
lorsqu'ils ont le balai en main
    du matin
    au soir

UN CONTE D'APOTHICAIRE

Si vous passez par la cour neuve
arrêtez-vous au Chat-Qui-Dort
on y vend du sirop de pieuvre
de la thériaque et du drap d'or
  (à des prix modiques)
mais où donc est cette cour neuve?
je la cherche en vain sur le plan
à quoi sert si je ne le trouve
qu'existe un pareil commerçant?
  (qui ne craint aucune concurrence)
il faut chercher chercher encore

peut-être est-ce là, ptêtre ici
que s'achètent la mandragore
la poudre de perlimpipi
le cerveau de catoblépas
la concrétion dite bézoard
combien faut-il perdre de pas
simplement pour l'amour de l'art

DESTIN

La gare Montparnasse descend
l'escalier de la destruction
à la station Bienvenüe
elle prend le métro
un jeune homme bien élevé
lui cède une place assise
honneur aux dames
et gloire à la SNCF
elle s'assoit et dans son crâne elle entend
la pioche la pioche la pioche
c'est moche on lui enlève le fronton
on lui retire ses ouatères
le cinéma se ferme
la rue du Départ regarde les yeux dans les yeux la rue de
    l'Arrivée
il n'y aura plus de départ
il n'y aura plus d'arrivée
il n'y aura plus d'actualités
il n'y aura plus de gens pressés
à la recherche de feuillées
la gare Montparnasse se prend le front
dans les mains ça cogne ça cogne ça cogne
la voilà qui descend à la gare Saint-Lazare

ça pioche ça cogne ça pioche ça cogne
elle monte dans le train pour Le Havre
dans le bateau pour New York
(elle est trop lourde pour un constellation)
elle fuit elle fuit la démolition
elle parvient saine et sauve aux États-Unis
elle y trouve sa mort et sa résurrection
au Museum of Modern Art
où elle se fige comme lard

FENÊTRE SUR COURS

Le beau temps est revenu
ce n'est plus la pluie qui tombe
mais les cris des radios
l'ânonnement des téviseurs
ce n'est plus la neige qui tombe
ce sont les cris des marmots
l'ânonnement des petits chiards
ce n'est plus l'orage qui gronde
mais un spiqueur qui se débonde
ou le tamtam des cuisinières
et par toutes les fenêtres qui béent
c'est la grande et bruyante averse
de la vie qui continue
de la vie apollinienne et dionysiaque
de la vie exaltante
qui mène l'homme au-delà des lointains
malgré les soixante-dix degrés Fahrenheit
que marque le thermomètre

SÉRÉNITÉ

Place du Dix-huit juin 1940
la pendule de la gare Montparnasse
au-dessus des ruines
continue à nous dire l'heure
pour quelques jours encore

CHACUN SON TOUR

On démolit Notre-Dame
les broyeuses entrent en action
les gens se disent faut se faire une raison
    c'est le programme
et puis on a bien rasé Saint-Symphorien,
Saint-Germain-le-Vieux, Saint-Christophe,
Saint-Denis-du-Pas, Saint-Martial, Saint-Jean-le-Rond
    qui existaient encore paraît-il en 1754
alors pourquoi pas cette grande construction?

RUE FLATTERS

Le targui se targuait de tâter de l'orgue
tant il arguait qu'irriguant l'erg
il y ferait nager l'iceberg
cristal des échos sahariens

DITES-MOI ZOÙ

Où sont les porteurs d'eau?
où sont les petits savoyards?
un jour on demandera où sont les mécanos
les motards les chauffards

ils seront tous partis
dans le passé

PASSÉS FUTURS

Le repasseur de couteaux
existe encore avec sa petite cloche
le marchand de journaux
avec sa sacoche
un jour on ne les verra plus
encore des métiers foutus

VOCATION

Une monitrice mène des gosses
à l'aquarium du Trocadéro
elle reste à la porte
en fumant une cigarette avec le plus grand des mar-
mots

FURAX

Le bouquiniste
bouscule les gens
je ne suis pas un magicien
qu'il dit
et tout ému
va boire à une bouteille
bien cachée

URBANISME

Avec les moyens de la science et de l'industrie
    modernes
(ou à venir)
on pourrait très bien déplacer les monuments histori-
    ques
et les foutre tous ensemble dans le même quartier
qu'on aurait au préalable rasé
comme ça il y aurait côte à côte la Tour Eiffel le
    Sacré-Cœur Saint-Honoré-d'Eylau
la Sainte-Chapelle le Tribunal de Commerce les Deux-
    Magots
Sainte-Clotilde l'Opéra
le musée d'Ennery et cetera
ce qui éviterait aux touristes
de se disperser inconsidérément dans les rues de la
    ville

EUGÈNE

Il n'y a pas qu'à Saint-Sulpice qu'il y ait des Dela-
croix
on peut en voir au Luxembourg à la Chambre des
Députés
au Louvre aussi naturellement
et une Pietà dans l'église Saint-Denys du Saint Sacre-
ment
près du Luxembourg se trouve sa statue
au Père-Lachaise son tombeau
et dans le seizième il a sa rue
pas bien longue il est vrai
il a même son musée
on n'a donc que le choix
quand on veut rendre hommage au peintre Delacroix

LES JOURNAUX DU SOIR

Eon Io Ino Isée
favoris des mots croisés
Ru Aï Anet Eu Po
que vous nous donnez de maux
et combien est plus facile
par exemple égagropile

SUNT LACRYMAE BONHOMME

Dans son appartement
du seizième arrondissement
frigidaire et grand standigne
le chroniqueur érudit
aligne des lignes
pour des regrets émouvants :
on démolit quelques taudis
dans un coin presque historique

AUTRES TEMPS AUTRES MŒURS

Dans leurs jolies crinolines
des bitniqueuses
dansent le charleston
avec des lions

PORTE DE SAINT-CLOUD

Dans l'église Sainte-Jeanne-de-Chantal
un matin d'août
un curé dit la messe tout seul
avec une croix verte dans le dos

HAGIOGRAPHIE

Le facteur frappe à la porte une
ou deux fois pour le courrier
aussi voit-on sainte Opportune
sur ce bureau des P et T
    statufiée
la sœur de saint Gondebrand
n'en demandait certes pas tant

QUAI SAINT-BERNARD

Les marchands de vin
distribuaient des pots d'idem
les savants
des barriques de science
les tifiques ont eu raison
des pinardiers surclassés
qui ont dû déménager
les hangars à bourgogne
et les caves à sauternes
font place à des sorbonnes
vachement modernes

est-ce une fable? une hallégorie?

EXIL

Parmi les rues les plus tristes de Paris
on peut citer la rue Villiers-de-l'Is-

le-Adam, la rue Baudelaire (Charles)
et la rue Henri-Beyle dit Stendhal
vraiment on ne les a pas gâtés
on arrive même à penser
qu'on les a peut-être punis
en leur attribuant des rues si tristes à Paris

LES CONCIERGES

Depuis des années et des ans
en cette rue pas mis le pied
et je retrouve de nouveau
le vieux vieillard vert-de-gris
vagissant au coin de sa porte
la concierge et son balai
le chat ni plus ni moins mité
        qui rêve
rien ni personne n'a bougé
seul mon corps a traversé
        la chaussée

UNE RÉVOLUTION CULTURELLE

Les restaurants chinois se multiplient
d'une croissance exponentielle
pas de doute le péril
jaune en gastronomie
le tigre de papier et le nid d'hirondelle
détrônent le steak sur le gril

LE PÉTUN DU TITI

Que me dis-tu de ton passé
enfant qui traverses à la nage
le boulevard des Italiens

Je me souviens des poètes
qui fumaient là
leur cigare

Que me dis-tu de ton présent
enfant qui traverses à la nage
la place Saint-Germain-des-Prés

Je me souviens des philosophes
qui fumaient là
leur pipe

Que me dis-tu de ton futur
enfant qui traverses à la nage
le rond-point des Champs-Élysées

Je me souviens des journalistes
qui fumaient là
leur cigarette

Enfant, enfant, n'aurais-tu donc
n'aurais-tu que des souvenirs?

Hier, aujourd'hui, l'avenir
pour moi c'est le même tabac

BOUCHERIES À LA UNE

J'ai promené ma peine
dans les rues de Paris
je la tenais en laisse
pour que rie le titi
porcherie fromagère
étalage établi
vitrine sanguinaire
étal de boucherie
à tous les coins se vautre
un veau plein de sanglots
c'est peut-être moi-même
c'est peut-être un jumeau
je rengaine ma peine
et m'assieds sur un banc
pour lire les journaux
qui racontent malheurs
assassinats et crimes
inondations séismes
meurtres épidémies
viols et violents trépas
et ça ne me console mie
et ça ne me console pas

IL FAUT EN FAIRE SON DEUIL

La RATP
sème partout ses pastilles noires
on ne prendra plus l'autobus
le dimanche

la RATP c'est évidemment
la Revue des Arts et Traditions Populaires

ENCORE LE PÉRIL JAUNE

Dans le bus des touri-
stes chi-
nois ri-
ent avec autant de vulgari-
té
que des Français

PROJECTILE

Un poème qui ne vaut rien
bon à mettre aux cabinets
bon à foutre à la poubelle
on peut en faire une flèche
une fusée un missile
qui par la fenêtre file

il trace dans les airs
sa courbe lyrique
puis retombe finalement
aux pieds d'un surveillant
de la propreté vicinale
attristé

ULTRAFILTRE

Les marches de l'escalier plus larges qu'une route menaient jusqu'à la porte de cèdre et, sur l'arête sablonneuse, se répercutait un chemin désuet, un peu mauve, qui filait vers l'horizon, disparaissant entre deux poternes. Paris avait bien changé; on reconnaissait cependant des formes urbaines estompées et l'on avançait vers la station de métro, malgré la jungle la plus épaisse, la toundra la plus acérée, les amas de pots de chambre et une civilisation inculte et même évanescente.

RUE CHOSE

Il y a trois escafilottes
trois escarbeilles
trois escasses
trois escaumes
trois escaupilles
trois esquipots
trois estamenaires
trois éteufs
trois étibois
trois etnettes
trois étresses
trois éventions
soit trente-six trucs
dans la rue de la rue de la rue
qu'on ne parvient pas à nommer

MEHR LICHT

Avenue Ledru-Rollin
dans l'église Saint-Antoine des Quinze-Vingts
on n'y voit rien
une vraie cave
évidemment pour les aveugles

Le Guide Bleu nous apprend qu'elle fut construite
   en mil neuf cent trois
par un architecte nommé Lucien Roy
et que l'édifice est « surtout » éclairé
par la coupole vitrée
qui couvre la croisée du transept

c'est avoir de l'éclairage un concept
exempt
de sévérité

LE GARDE NATIONAL

Décidément on ne peut plus se promener
on risque tout le temps de se faire écraser
y a rien qui aille plus vite qu'un cabriolet
les chevaux courent on les croirait tous emballés
on ne sait même plus où se réfugier
bientôt il n'y aura plus de piétons
voilà ce qu'on disait sous la Restauration

EN CAS D'ARRÊT MÊME PROLONGÉ

Le métro tombe en panne
les lumières s'éteignent

silence

personne ne bronche
pas un bateau qui bouge
pas un pêcheur dans l'eau
        pas un falot

un plaisantin fait hou hou

et voilà que des catacombes et des égouts
s'amène tout un peuple de fantômes
qui chantent la Carmagnole
sur un air de Guillaume de Machaut
et le Dies irae
avec accompagnement de chalumeaux
les dents longues et le nez creux
ils descendent des affiches
sur lesquelles ils se cachent
ils vont de large en long
arpentant les wagons
        obscurs
en faisant des courants d'air
        froid

quelqu'un éternue

en même temps la lumière est revenue

personne ne bronche
pas même les images sur les murs

le métro repart

LE TRAVAIL CONTINU

A l'ombre du mot tilbury
se reposait un soir de juin
un homme qui tentait d'enter
un vers marron sur de la prose
Cette opération monstrueuse
l'occupait de telle façon
qu'il ne vit point passer la phrase
qui l'aurait tiré d'embarras
Il s'acharnait en grommelant
cependant que sous le ciel rose
la lune d'un pas turbulent
traversait des nuages lyriques
Lorsque l'entracte fut fini
l'horticulteur pédagogique
remit dans l'ombre le lexique
et saisissant sa douce hie
il se pencha de nouveau sur
son travail presque minéral
Paveurs Pavés êtes ainsi
lorsque tombe le crépuscule
l'écho des poètes passés
dans cette rue presque nocturne

MON BEAU PARIS

Maisons lépreuses
maisons cholériques
maisons empestées

bâtisses fienteuses

immeubles atteints de rougeole
de scarlatine
de vérole

pavillons chlorotiques
pavillons scrofuleux
pavillons rachitiques

hôtels particuliers
constipés

baraques

taudis

IL FAUT AVOIR
DU GOÛT POUR L'ARCHÉOLOGIE

Au coin de la rue de Rennes et de la rue Blaise-
  Desgoffe
(et puis d'abord qui c'est ce gars-là?)
les Magasins réunis font face à un Monoprix

l'immeuble qui abrite les uns vous éblouit de son
   modernisme moderne
celui de l'autre d'un qui fut extrême
en son temps
c'est-à-dire vers mille neuf cent
une propriété de Félix Potin c'est tout dire
le mot Manutention se détache sur une fine mosaïque
   d'or
le genre de chose qui sera plus tard fort apprécié
si les amateurs s'intéressent encore aux antiquités

ENCORE LUI

Les eaux
répandues sur les cartes postales des années mil neuf
   cent dix
ont laissé leur trace ici et là
exprimée en mètres et en centimètres
on allait en bateau prendre le train
on portait le pain à la nage
les facteurs ramaient
les chevaux buvaient entre leurs pattes

et les pêcheurs ne trempaient pas deux f-
ois leur ligne dans le même fleuve

UN NOMBRE TRANSCENDANT

Parfait-Louis Monteil colonel dans la coloniale
traîna ses guêtres en Afrique Occidentale
puis vers les années 1907

il se mit à carrer le cercle
la droite écrivait-il est toujours une surface
et π égale ma foi
racine de deux plus racine de trois

on lui donne une rue dans le quatorzième

c'est à ma connaissance le seul quadrateur
qui ait jamais eu droit à un tel honneur

TOUS LES PARFUMS DE L'ARABIE

Il y avait un passage Waterloo
on l'a démoli
c'est qu'on est patriote à Paris
alors pourquoi une rue Jules-César
l'ennemi juré des Gaulois
ces ancêtres

elle se musse non loin de la gare de Lyon
et quel air banal

soudain cette odeur
plantes aromates épices tropiques
effluves fragrances botaniques
garrigues de Provence jardins d'Ispahan
soudain cette odeur

je fonce et flaire
le CPM fondé en 1901 m'attire
le CPM c'est-à-dire
l'omptoir harmaceutique oderne
mais non ce n'est pas là

je fonce et flaire et découvre
Les Bons Producteurs
vente en gros
herboristeries de toute provenance
Les Bons Producteurs
ont la bonne odeur
mais elle ne va pas plus loin que le boulevard de la
  Bastille

en face de l'autre côté du canal
s'assirent sur un banc Bouvard et Pécuchet
comme il faisait une chaleur de trente-trois degrés

IXATNU SIOFNNUT I AVAY

Y avait une fois un taxi
taxi taxi taximètre
qui circulait dans Paris
taxi taxi taxi cuit

il aimait tant les voyages
taxi taxi taximètre
qu'il allait jusqu'en Hongrie
taxi taxi taxi cuit

et qu'il traversait la Manche
taxi taxi taximètre
en empruntant le ferry
taxi taxi taxi cuit

un beau jour il arriva
taxi taxi taximètre

dans les déserts d'Arabie
taxi taxi taxi cuit

il y faisait tellment chaud
taxi taxi taximètre
que sa carrossrie fondit
taxi taxi taxi cuit

et de même le châssis
taxi taxi taximètre
et tous les pneus y compris
taxi taxi taxi cuit

chauffeurs chauffeurs de taxi
taxi taxi taximètre
écoutez cette morale
taxi taxi taxi cuit

lorsque vous quittez Paris
taxi taxi taximètre
emportez un parapluie
taxi taxi taxi cuit

parapluie ou bien ombrelle
taxi taxi taximètre
un mot est bien vite dit
taxi taxi taxi cuit

UNE TRACE

Les fossés sont foncés défoncés la boue bout le sol
      éclate
répare-t-on l'asphalte

ou bien est-ce la lave qui claque
et s'étend
remous mous séismes spasmes croûte écroulée
le travailleur s'agenouille sur ses plaquettes de bois
ou bien est-ce de la pierre ponce
qu'on sème

un pas s'enfonce
à chaque pluie un bourbier dans l'empreinte
comme les artisans de Pompéi

ÉCAILLURES

Une chaleur secrète s'insurge et le plâtre pétrit
de la gomme sèche
l'ongle gratte le mur souffre et pâlit
quelques granules remplacent le maçon parti
on attend maintenant les démolisseurs
avec des sueurs
froides

IL NE VOULUT PAS
D'UN NOM HELVÈTE

Boulevard Malesherbes à l'embouchure de la rue de la
    Bienfaisance
une placette triangulaire aux angles arrondis
et sans nom particulier
s'orne de neuf arbres un réverbère deux bancs
trois panneaux de stationnement
un feu tricolore et son réglage automatique

une corbeille à papier métallique
et la statue de Jules Simon

sur la face nord il rêve en bronze (au fait est-ce bien du
   bronze?)
à l'Instruction Publique (probablement)
il y avait beaucoup de désordre dans son bureau de
   bronze
et des livres de bronze et des papiers de bronze
traînent çà et là sur le bronze (si c'est bien du
   bronze)

sur la face sud il parle devant une assemblée le
   9 décembre 1851
et provoque un tel enthousiasme
(un enthousiasme de bronze ou d'un alliage voisin)
que des petits bonshommes font mine
de vouloir sortir à tout prix du bas-relief
du haut-relief plus exactement
c'est très joli

et pourtant malgré l'intérêt que tout cela présente
le Guide Bleu n'en souffle mot
quant au Nouveau Larousse Illustré
il stigmatise le statufié :
« il flatta tous les partis et se les aliéna tous »
de plus il s'appelait Jules Suisse

SOUS LA PRÉSIDENCE
DE FÉLIX FAURE

Que de nus coquins
que de fesses coquines
les sculpteurs de l'Institut

ou des compagnies voisines
ont semé dans les squares et les avenues
du chaste Paris
on ne portait même pas de bikini
dans les années mille neuf cent
le marbre et le bronze n'étaient pas austères
en ce temps
et de coquines dames montraient leurs coquines sphè-
    res
au président
de la République inaugurant
des monuments
sévères

EN PARTANT DE DUNKERQUE

Dans Saint-Augustin cossu solennel et douillet
on découvre le bordj de Tamanrasset
en modèle réduit couleur d'argile
d'aspect fragile
pour convertir les infidèles
mais Saint-Augustin cossu solennel et douillet
fait plutôt penser à NOCES ET BANQUETS

IL N'AVAIT PAS VOTÉ LA MORT
DE LOUIS XVI

Ça gueule dans la rue de l'Abbé-Grégoire
il doit être dans les six heures du soir
en automne
dans les couvents prient les nonnes
et de l'EDF les moteurs

ronflent en douceur
victorieux un gramo hurle
sur la mer calmée
je vois une fumée

l'abbé Grégoire aux idées généreuses
n'avait pas mérité cela

COMPOSITION DE LIEU

La rue du Congo est assez brève
côté impair : Fondation Groupe des Maisons Ouvriè-
res
(on ne mâchait pas ses mots dans ce temps-là)
côté pair : un garage et l'ACAP

voudriez-vous me dira-t-on que dans la rue du Congo
s'y promènent des éléphants, des hippopotames et des
rhinocéros
y pousse du manioc et du sorgho
et qu'on y déguste des dattes, des bananes et de la noix de
coco?

eh eh
pas bien loin
au 64 de l'avenue Daumesnil
il y a la Société des Bois Tropicaux
au 74 les établissements Alligator (préférable eût été
Crocodile)
en face du 84 Enfer et ses fils
                ventilateurs

cela donne un peu l'atmosphère

PROBLÈMES

Pourquoi pourquoi pourquoi
des insectes (peut-être des charançons)
au-dessus de la porte des 21 et 21 *bis* rue Pierre-
　　Leroux
et des cigognes (des grues ou des hérons)
au-dessus de la porte du 30 avenue Daumesnil
il y a sûrement une raison
nihil est sine ratione comme disait Leibniz

RUE PAUL-VERLAINE

Je fais parfois le rêve étrange et pénétrant
d'une rue en étain blanchâtre et maternelle
l'un et l'autre trottoir palpite comme une aile
tandis que sa chaussée a tout son poids d'étant

Les ruisseaux de plomb pur s'écoulent dans l'étang
qu'engloutit une bouche à béance immortelle
à chaque extrémité s'inscrit une marelle
que ne traverse point le vulgaire impétrant

Sous un ciel de titane un seul toit promeneur
lentement se déplace au-dessus des bâtisses
où grouille un animal qui ressemble à ma sœur

Calme en son sicamor incertaine et factice
cette voie a le charme amarante et boudeur
de pouvoir se plier sans perdre son odeur

RAVALEMENT

Les murs blanchissent
les belles bâtisses
noires de fumée
ont révélé leurs barbes
couleur de barbe à papa
et si toute cette pâtisse-
rie fondait
qui serait bien attrapé?
le touriste japonais
qui devrait se dékodaker
n'ayant plus rien à photographier

CARNAVALET

Germes en plans et plans histoires
histoires mutes et silence bu
boire à la source des histoires
source des mots source des rues

se déplacer suivant l'article
articles de scolopendres
tourner retourner les points
les virgules les tirets les traces

ainsi dévaler par les voies
des ubacs sombres des adrets droits
les voies développées depuis les germes
germes en plans et plans histoires

UNE FACILITÉ DE PENSÉE

Toute rue est une caverne
aisément l'on s'en convaincra
en y réfléchissant une journée entière

toute rue est une grotte
aisément l'on s'en convaincra
en y réfléchissant une année entière

toute rue est une rue
aisément l'on s'en convaincra
en y réfléchissant un peu de temps en temps

ÉVOLUTION DE LA LIMONADE

Comme il fallait s'y attendre
il y a rue Biscornet
le Biscornu café-
restaurant. La rue
elle-même l'est un peu
car parallèle et perpendiculaire
à la rue Lacuée

dans ce coin artisanal et quincaillier
A l'ouvrier de La Bastille a sa façade bien écaillée
on y fabriquait des comptoirs d'étain des billards de
    précision
des meubles glacières des timbres d'office

pour les marchands de vin et les liquoristes
tout cela semble bien désuet, les démolisseurs ne sont pas
   loin
qui casseront la croûte dans un snack voisin

UN BEAU SIÈCLE

Connerie des années 1900
Connerie de la belle époque
Connerie des années 1910
Connerie de la jupe-culotte
Connerie des années 1920
Connerie du fox-trot
Connerie des années 1930
Connerie de la boursicote
Connerie des années 1940
Connerie de la guerre drôle
Connerie des années 1950
Connerie des caves rive gauche
Connerie des années 1960
Connerie des années 1970
Connerie des années 1980
Connerie des années 1990
Connerie des années 2000
et tout cela fait une histoire
qui se dépose sur la ville
en traces plus ou moins futiles
qu'on déchiffre comme un grimoire

PASTILLES

Le banc du B.B. où s'assirent B. et P.
par une chaleur de trente-trois degrés
est peut-être celui qui se trouve
devant les laboratoires Valda
bâtiment construit en 1922
par un architecte nommé
                    Hommet

NUL PARADOXE

Les villes sont hétéronymes
ici pas de rue de Paris
à Nîmes pas de rue de Nîmes
les villes sont hétéronymes

AILLEURS

Une rue comme une autre
dans un arrondissement indéterminé
peut-être dans le seizième
soudain
au moment où l'on s'y attendait le moins
on voit au bas de la falaise
un port
sur le bord
de la mer
on peut hésiter entre Le Havre et Yport

les vagues dorment
des bateaux immobiles mais absents
figurent dans ce paysage lactescent
on croirait un site touristique
légèrement poncé
puis on continue son chemin
et l'on gagne par la rue Férou
la place Saint-Sulpice

L'ÉQUATION DU CINQUIÈME DEGRÉ

Chasles a neuf ans lorsqu'Abel naît
il meurt cinquante et un ans après
ils ont leur voie dans le même quartier
elles forment un angle d'environ trente degrés
au trois de la rue du second nommé
on lit : 1901, sculpteur D. de Folleville
un vrai nom de vrai vaudeville
ces immeubles sont quasi modern style
têtes souriantes de bonnes femmes
un faune et une nymphe atlantes
tout cela très bourgeois
bien que les passants soient plutôt arabes ou chinois
De l'autre côté de l'avenue Daumesnil
la rue Abel devient plus modeste
de truands transistors tonitruent triturant les trot-
    toirs
un hangar en bois montre son nez pourri
après le 15 l'herbe pousse entre les pavés
d'une impasse propriété privée
on arrive ainsi à la rue de Prague
pourquoi est-elle là celle-là?
pourquoi n'est-elle pas dans le quartier de l'Europe?
il ne faut pas en demander trop

INDEX PROUST

Sur une centaine de boulevards, avenues, rues
citées dans A la recherche du Temps perdu
il y en a environ quatre-vingts pour cent
qui se trouvent dans les neuf premiers arrondisse-
　　ments
à l'exception du cinquième
dont aucune voie n'est nommée
il y a là un mystère extrême
qui méritait d'être chanté
(à moins que je ne me sois trompé?)

TRADUIT DU LATIN

Il avait du bois de chêne et trois lames de bronze autour
　　du cœur
celui qui le premier osa mettant un pied devant
　　l'autre
traverser la chaussée de l'avenue de l'Opéra vers six
　　heures
affrontant les milliers de ouatures se frottant mutuelle-
　　ment le râble
et se glissant entre leurs rostres d'acier et leurs abdomens
　　de métal
pour aller d'un trottoir relativement abrité vers un
　　jumeau incertain
cependant que le tonnerre des impatients retentit
　　jusqu'aux étages supérieurs
emportant avec lui les fumées tétraplombées des pots
　　expectorateurs

il avait du bois de chêne et trois lames, autour du cœur,
    de bronze
celui qui le premier osa traverser une rue sur le coup de
    dix-huit heures onze

RUE PIERRE-CORNEILLE

Un panier à salade

il y a dans le coin quelques ambassades
plus ou moins francophones

non, ce déploiement de force armée :
la sortie des écoliers

HISTORIETTE

Crinolines pyramidales
on est au beau temps d'Eugénie
d'Eugéni-eu de Montijo
Mon'tit Jo dit la drôlesse
à son jules nommé Jo
c'est aussi l'ère des marmites
avec leurs manches à gigot
ou bien encore des draisiennes
des fiacres et des vespasiennes
voilà que vole un aéro
on boit de l'absinthe aux terrasses
passe la guerre et ses prouesses
les dames toujours de leurs fesses
aguichent les luxurieux

vêtus en lions en mousquetaires
en dandies ou en muscadins
avec la casquette à visière
le canotier ou le pépin
favoris pattes de lapin
barbichettes à l'impériale
crinolines pyramidales
jupes-culottes berlingots
oublies bouts dzan diabolos
corsets très fortement lacés
jupons dentelles et froufrous
Fantômas Concerts Pasdeloup
Belles Images Pieds Nicklés
Salon des Artistes Français
et par-dessus dessus tout ça
des chefs d'État des chefs d'État
inaugurations et musiques
des défilés patriotiques
des défilés de syndicats
des chefs d'État des chefs d'État
les bombes des anarchistes
manifestations de grévistes
crinolines pyramidales
galurins au décor floral
chapeaux de paille d'Italie
jupe courte ou bien entravée
les enfants poussent des cerceaux
on va chanter dans les caveaux
que faisait-on dans les bourdeaux?
qu'est-ce qu'on y faisait plutôt
où sont les bourdeaux de jadis?
furent fermés par la police
il n'en reste plus une trace
ah que le néant a de force
pris entre l'arbre-z-et l'écorce

LUMIÈRES

Au sommet la gaine Scandale
Tabou Crylor Tabou Tergal
tourisme italien Cinzano
Porto blanc et rouge Porto
machines à laver Ignis
foire de Marseille en septembre
Tobler et Suchard chocolats
Grand Marnier chaussures Bata
Liban Vacances Israël
El Al Airlines et Lancel
ses cinq étages de cadeaux
en plus la danse de Carpeaux
le théâtre de l'Opéra
et plusieurs stations de métro
dix-neuf heures vingt-cinq degrés
presque tout est ainsi noté
pour la poposs postérité

LES COLOMBINS

Longtemps longtemps longtemps après que les pigeons
   auront disparu
on verra encore leurs chiures dans les rues
également dans mes poèmes
et les gens se demanderont quelle importance ça avait
les pigeons quoi c'était
quelque chose dans le genre de l'aurochs ou du ptéro-
   dactyle
du cœlacanthe ou du dodo

mais personne ne lira plus mes poèmes

SOUVIENS-TOI DU VASE DE VIX

Deux mille ans de guerres
de coups de poing de coups de lance
de coups de canon de meurtres d'épidémies
de famines de maladies
d'invasions plus ou moins barbares
deux mille ans de progrès
et puis toc
on retrouve tout à coup des pieux sculptés
des dieux peut-être
des dieux pieux des pieux dieux
paumés sous les eaux
et gallo-romains

deux mille ans pour les récupérer
il ne faut jamais désespérer

CRIS DE PARIS

On n'entend plus guère le repasseur de couteaux
le réparateur de porcelaines le rempailleur de chaises
on n'entend plus guère que les radios qui bafouillent
des tourne-disques des transistors et des télés
ou bien encore le faible aye aye ouye ouye
que pousse un piéton écrasé

LE DOUZIÈME REVIENT

Jean-Girard Lacuée comte de Cessac
avait droit à un bout de rue sous Louis-Philippe

à une belle avenue sous Napoléon trois
et se retrouve sous la République
avec une modeste voie
dite autrefois des Terres Fortes

une terre forte comme chacun sait
y a qu'à consulter le Littré
est une terre grasse argileuse
tenace et difficile à labourer
il faudrait maintenant savoir
ce qu'est une terre tenace
passons

ce Lacuée naquit dans le Lot-et-Garonne à La Massa
et lorsqu'il avait son avenue elle partait de la place
   Mazas
y a-t-il un sens à cela?
ou bien c'est comme ça parce que c'est comme ça?

LA BRÈCHE

Dents de loup dents de loup
dents de loup posées sur la fontaine
qu'attendez-vous qu'attendez-vous
pour mordre la laine
des agneaux entre les clous
qui mènent à la fontaine
dents de loup dents de loup
mortes à la peine

Battre la campagne

L'USURE

Taches, usure, poussières
petits arbres envolés
plumes perdues sur le trottoir
plumes perdues des petits arbres envolés
marins d'eaux mortes

       des sous traînent sur le sol
       des vers gris grouillent un peu
       personne ne se penche
       pour eux

ensaché dans sa misère
tremble et chantonne un mendiant
devant la troupe des indifférents
passagère

       tout au fond de leurs viscères
       tout au fond de leur poussière
       fermentent les taches et l'usure
       des gens

le cheval suit son ornière
l'âne ahane au long de l'an
la poule se roule dans la poussière
l'homme dort sur le flanc

tâche, fourbure,
la vieillesse
gagne les impénitents

LA CHANCE

Le train se penche à la portière
de ses propres wagons
il se regarde tout prospère
heureux comme un dragon

en ce taure il s'aperçoit
soufflant le feu par les narines
il contemple son petit moi
ferroviaire narcisse

le long de la voie un goutteux
marche à fendre l'âme
il avance peu à peu
vers le drame

mais bienfaisant l'autre s'arrête
des gens ont de la chance
le goutteux poursuit son chemin
dans la souffrance

SE TENIR À CARREAU

Celui qui s'assoit sur sa chaise
reçoit un morceau de flan
une tarte à la crème
du vent

qui court les chemins aperçoit
la peau de ses pieds qui pèle
un clou rouillé des écriteaux
du gravier à la pelle

restant debout sans trop bouger
dans un coin perdu de la ville
on peut toujours espérer
rester tranquille

UN RHUME QUI N'EN FINIT PAS

Quand on examine le vaste monde
ses beautés ses tristesses et ses aléas
on se demande on se demande
à quoi rime tout cela

mais qui mais qui donc tousse là?

le jour se transforme en nuit
le bas se retrouve en haut
un autobus croque un fruit
un pigeon roucoule miaô

mais qui mais qui donc tousse là-haut?

on ne connaît jamais le fond des choses
et l'on ne s'y résigne pas
on croit à la métempsycose
ou bien l'on n'y croit pas

mais qui mais qui donc tousse là-bas?

dans la nature ou bien ailleurs
c'est un peu partout que poussent
les sophismes de l'erreur
on ne les connaît même pas tous

mais qui mais qui mais qui donc tousse?

QUE LE VIN PÉTILLE
DANS LA FOUGÈRE

Dans la forêt molle et profonde
j'entends chanter une fougère
Elle s'incline vers l'ombre
familière

> L'écureuil dans sa course
> laisse choir une noisette
> Le ru sourd d'une source
> et serpente avec adresse

Seuls les sons des souches lourdes
accompagnent la chanson
des cryptogames vasculaires
échansons

> L'asti se mêle au souvenir
> c'est un mystère du lexique
> souvenirs souvenirs
> classiques

Dans la forêt seul sous la frond-
aison des arbres civilisés
j'attends la guerre féconde
en replis préparés

Plus loin plus tard ne manque
pas à sa mission
la forêt molle et profonde
qui gémit à l'unisson

Il faut vider les derniers litres
dans la clairière dévastée
Un pitre
fait des pieds de nez

Adieu Adieu La vie tranquille
se déplace vers le passé
Peut-être un futur immobile
me la fera retrouver

L'AGNEAU ET LE LOUP

Dans le buisson broute un loup
un loup de la belle espèce
il boit aussi l'eau claire
du ru pur

un agneau vient à passer
un agneau de la belle espèce
pourquoi, dit-il, troubler
mon ru pur?

le loup voudrait bien s'en aller
la queue entre les jambes
mais l'agneau se met à cogner
près du ru pur

il coule un peu de sang sur l'herbe
le loup s'enfuit l'agneau triomphe
pisse alors dans l'H_2O
du ru pur

j'ai composé cette fable
au fond d'une forêt profonde
en trempant mes pieds dans l'onde
d'un ru pur

LA FOURMI ET LA CIGALE

Une fourmi fait l'ascension
d'une herbe flexible
elle ne se rend pas compte
de la difficulté de son entreprise

elle s'obstine la pauvrette
dans son dessein délirant
pour elle c'est un Everest
pour elle c'est un Mont Blanc

ce qui devait arriver arrive
elle choit patatratement
une cigale la reçoit
dans ses bras bien gentiment

eh dit-elle point n'est la saison
des sports alpinistes
(vous ne vous êtes pas fait mal j'espère?)
et maintenant dansons dansons
une bourrée ou la matchiche

RISQUES CHAMPÊTRES

Sous son chapeau mordoré
dort un champignon comestible
un connaisseur vient le cueillir
il meurt de façon horrible
ce végétal désespéré
s'était empoisonné

le long d'un mur très long très long
dort une ortie innocente
un connaisseur vient la cueillir
on craint fort qu'il ne s'en repente
ce végétal n'est pas méchant
quand on l'attaque il se défend

au bout d'une branche alourdie
dort une poire grassouillette
un connaisseur vient la cueillir
il l'avale avec un insecte
ce végétal hospitalier
logeait à cheval et à pied

lorsque vous tendez la main vers
un végétal quelconque
réfléchissez quelques secondes
ne devenez pas daltonien
ne vous laissez prendre sans vert

LES TROMPETTES DE LA MORT

Les trompettes de la mort
dans la nuit noire
se taisent Au loin il faut entendre
un train qui peine vers le port
fluvial

en déchiffrant bien l'horizon
au bout de l'allée de chênes
on aperçoit le seau à charbon
d'une cheminée d'usine

traverser l'obscurité
n'est pas chose facile
j'ai peur d'écraser
une bestiole

nul dragon dans cette forêt
comme dans toute forêt moderne
dans le ciel passe un avion
qui rumine à la verticale

j'aurai parcouru mon chemin
lorsque l'aube puerpérale
viendra faire chanter enfin
les trompettes de la mort

LA POULE, LE RENARD ET LE COQ

La poule enlève le renard
sous son bras de plume
le coq crie un peu tard
il est tout rouge

la poule joue au casino
emmitouflée dans un boa
le kidnappé crie un peu tard
qu'on ne l'y reprendra pas

elle retourne au poulailler
pondre l'œuf de son infortune
le coq chante un peu trop tôt
le renard court un peu plus vite

CYCLE DE L'EAU

Au lever du jour
l'eau s'éparpille
l'herbe est constellée
de grains liquides

le temps de boire le café
l'H_2O s'est envolée

chacun prend sa teinte jaune
brune ou mordorée
le blé cuit la sauterelle saute
le bœuf est altéré

on regarde dans un coin du ciel
un nuage peut-être torrentiel

il part sans s'être dégonflé
le soleil est bien fatigué
et c'est pourtant la nuit qui tombe
et le repos sur le monde

dans la nuit réapparaît
l'eau fraîche qui s'éparpille
le ciel est constellé
de grains liquides

FORME DE LA FERME

La vache vêle un veau velu
le bœuf boit à l'abreuvoir
la poule picore
le chat cherche à se hucher
au haut du bûcher
le cheval et sa charrette
charroient des sacs de son
l'ouvrier agricole sur sa motocyclette
soulève un peu de poussière
le chien aboie
le fumier fume
le fermier fume
la ferme est de forme
parallélépipédique
la cheminée cylindrique
et l'arrière de la ménagère
sphérique

LES ARES VERTS

Le bûcheron et sa cognée
font des trous dans la forêt
tout au bout l'on aperçoit
une scierie pour le bois

la scierie est dynamique
la scierie est prolifique
les usines poussent comme des petits pois
la forêt n'est plus qu'un bois

on arrache les derniers arbres
pour que circulent les ouatures
ô promoteur urbain arrête un peu le bras
laisse aux végétariens quelques ares de square

L'OIE TRAQUÉE

Autrefois le poète utilisait la plume d'oie
puis il se servit de la sergent-major
ensuite il en vint au stylo
et maintenant il se partage entre la pointe bic
et la machine à écrire
on ne sait de quelle façon le résultat est le meilleur ou le
    pire
combien difficile de répondre à cette question techno-
    logique
le plus simple : on continue et on écrit encore
cependant que l'oie gardant ses plumes
les gastronomes l'égorgent pour son confit et pour son
    foie

SUR UN PETIT AIR DE FLÛTE

Dans les temps bucoliques
le poète se disait doué de pouvoirs magiques
tout en se demandant avec inquiétude
où vais-je chercher toutes ces belles choses?
suis-je une petite machine
qui rédige consciencieusement ce qui lui a été
programmé?
heureusement qu'il y a les ratures
ce qui donne le droit de parler de littérature

LE CHAPON ET LE CHIRURGIEN

Un chapon picorait
des balles de mitrailleuse
il en avale une
la malheureuse

le chirurgien convoqué
sort sa lame
le chapon a peur
à fendre l'âme

toubib toubib qu'il lui dit
ce ne sont pas des perles fines
veuillez laisser mon estomac
tranquille

bien bien dit l'homme de l'art
mais payez-moi rubis sur l'ongle
Comme quoi il n'est jamais trop tard
pour garder son intégrité

LE CHANT DES BOIS

Dans la prairie altier marchait un sycomore
il gardait ses moutons aux sons d'un transistor
balançant son feuillage au rythme des musiques
que jettent à tout vent les ondes téséfiques
Un agneau qui tétait engraissant ses gigots
dit : vieux voudrais-tu pas éteindre ta radio
ça fait tourner le lait de ma maman brebis
et c'est mauvais pour moi, moi qui suis son petit
Alors le sycomore prenant son transistor
l'enterre sous ses pieds que l'on nomme racines
c'est pourquoi l'on entend dans les forêts voisines
parfois au fond des bois un petit air de cor

SONGE D'UNE NUIT D'HIVER

Dans la plaine blanche
marche un troufion
il défend la France
sur le front

du côté de Nantes
ou La-Roche-sur-Yon
il vit dans l'attente
d'une permission

veille de Noël
il a bien neigé
Sur la route molle
il faut patauger

le ciel est obscur
comme l'avenir
les étoiles sont là
mais comment les voir?

À TOUT VENT

Les champignons ont des chapeaux
grands comme des accordéons
ils se massent et végètent
en rond

ils croissent dans la nuit
lorsque coassent les grenouilles
ils arrivent impromptus
avec la rouille

demain demain il n'y aura plus
que poussière
ils sèment à tout vent
pour une année entière

ainsi la poudre de la vie
un jour revient au port
puis le poème jette ses spores
pour une autre vie

UN BOUQUET D'ARBRES

Hercule offrit à Déjanire
un bouquet d'arbres millénaires
il cessa d'être célibataire
pour le meilleur ou pour le pire

il le cueillit avec deux doigts
deux doigts de costaud hellénique
le bouquet d'arbres dans les bois
d'arbres touffus asymétriques

de ce bouquet pins et ormeaux
Déjanire en eut plein les bras
elle le coupe en petits morceaux
en vue du bûcher sur l'Œta

triste histoire par excellence
ce bouquet d'arbres arrachés
figure de l'existence
allégorie outrepassée

LE GRAMINICIDE

La main s'étend sur la campagne
pour saisir une herbe haute
une graminée qu'accompagne
un peu de terre meuble

la main jette cette verdure
par-dessus les collines là-bas

l'herbe disparaît dans la nature
pleurant au-dessus des bois

trouvera-t-elle un sol aimable
accueillant les déracinés?
la main se pose sur la table
c'est celle d'un jardinier

la mort est aussi végétale

AU CLAIR DE LA LUNE

Sur la route allait un forgeron
qui transportait une enclume
pour aller casser des cailloux ronds ronds
au clair de lune au clair de lune

il suait comme un forgeron
le manipulateur d'enclume
il trouvait le temps long long
au clair de lune au clair de lune

enfin voici un caillou rond
qu'il dispose sur l'enclume
il lève son marteau donc donc
au clair de lune au clair de lune

et tape comme un forgeron
sur le caillou rond qui s'allume
les éclairs dans la nuit ding dong
rivalisent avec la lune

et lorsque tout se fut éteint
pose sa tête sur l'enclume

le forgeron bien fatigué ron ron
au clair de lune au clair de lune

CHANTER COMME UN CHEVAL

Que le cheval
chante bien ou mal
qu'importe pourvu qu'il chante
à chaque animal
il est normal
— chose importante —
de ne demander un effort musical
que dans le sens de son essence
comme au lièvre de vagir
au geai de cajoler
et au cheval qui si bien trotte
de chanter

c'est ainsi qu'un jour de septembre
sur une route empaillée
un cheval trottait trottait
en chantant la Meuse et la Sambre
spectacle réconfortant
pour les petits et pour les grands

SI LE POTIRON NE MEURT

La fleur à la boutonnière
la fleur au plastron
courez à la rivière
petits potirons

abreuvez-vous d'eau fine
mûrissez lentement
ébrouez-vous dans l'eau fine
jaunissez lentement

puis remontez dans vos champs
vous endormir
en attendant de mourir
coupés en tranches dans la soupe
du laboureur

L'OUÏE FINE

Dans la broussaille qui gémit?
un lièvre qui s'égare
ou bien une brebis grise
ou bien un paon qui se déplume

on entend gémir la broussaille
est-ce un couple d'amoureux
un vagabond harmonieux
une sauvageonne en gésine

mais nul jamais ne le saura
car toute la forêt s'agite
comme un orchestre d'opéra
ou même d'opéra-comique

et puis le vent emporte ça
vers les fermes agricoles
et la broussaille se referme
en un silence solennel

UNE TOUR APPELÉE NOVEMBRE

Dans une tour de flanelle
il y avait une chandelle
qui réduisait en cendre
le tissu de novembre

on se demandait pourquoi
on voyait cette fumée là
on apprit que c'était la cendre
de plusieurs mois de novembre

ils en firent un petit tas
les bûcherons avec leur pelle
et puis après la pluie tomba
formant une boue nouvelle
avec laquelle on construisit
une tour noire de cendre
que les gens appelaient novembre
et qui dura jusqu'au lundi

RUINES

De pauvres murs s'effondrent sur leurs pieds
les orties ont tôt fait d'apparaître
et l'éclaire bonne aux verrues
pierres ingrates herbes rudérales
mais la papavéracée
s'égoutte dans la main tendue
qui cherche à guérir
il y a un nom de saint oublié

IRIS

Le pont jeté sur les eaux
s'envole vers les brumes
on a hissé les couleurs
pour fêter sa fortune

on a volé le mendigot
l'humble ver jeune
se range dans la courge
entre l'outre et le beffroi

tout cela fait l'arceau
compagnon du soleil
l'herbe secoue ses os
le blé s'émerveille

et sur la route embourbée
quelques mares survivent
reflétant le pont jeté
de l'une à l'autre rive

CHAMBRE D'AUBERGE
UN JOUR DE PLUIE

Il pleut à gros bouillons
— alors elle est bonne la soupe? —
il pleut à gros bouillons
sur l'édredon

qui a tiré la chasse d'eau
d'une main si énergique?

qui a tiré la chasse d'eau
là-haut

c'est peut-être un anticyclone
un truc météorologique
c'est peut-être un anticyclone
qui fait le clown

il tombe des seaux et des seaux
de hallebardes helvétiques
il tombe des seaux et des seaux
d'eau

une odeur de champignons
anciens se fait entendre
le nez s'emplit de ce son
et coule

le crépuscule vient de tomber
sur la fenêtre en déroute
et les volets vont claquer
dans la nuit morte

l'eau multiplie ses trajets
il faut attendre il faut attendre
les heures passent passent noyées
dans l'ombre

AVEC LE TEMPS

Avec le temps le toit croule
avec le temps la tour verdit
avec le temps le taon vieillit
avec le temps le tank rouille

avec le temps l'eau mobile
et si frêle mais s'obstinant
rend la pierre plus docile
que le sable entre les dents

avec le temps les montagnes
rentrent coucher dans leur lit
avec le temps les campagnes
deviennent villes et celles-ci

retournent à leur forme première
les ruines même ayant leur fin
s'en vont rejoindre en leur déclin
le tank le toit la tour la pierre

LE BOULANGER ET LE PATISSIER

Le boulanger va sous la pluie sa pèlerine
bien attachée autour du cou
il a peur qu'il ne lui pleuve dedans
dans le cou
il marche vite parce qu'il a peur qu'il ne pleuve
     aussi
dans ses chaussures
il craint la pluie, le boulanger,
il est pourtant sorti s'acheter un croissant
chez le pâtissier place de la mairie
lui, le boulanger, il ne fait pas le croissant
il ne fait que la miche le brignolet le bâtard
et le dimanche le pain de fantaisie
il entre tout mouillé dans la boutique de son confrère
la pèlerine dégouline tout partout

et il n'y a plus de croissants
il s'en va tout triste en laissant une mare derrière lui
Le pâtissier passe un coup de faubert pour l'éponger
parce qu'il a peur que ses religieuses ne prennent
    l'humidité
et que ses millefeuilles ne tombent en déliquescence
puis il ferme sa boutique
tout désorienté

LA GRENOUILLE
QUI VOULAIT SE FAIRE
AUSSI RONDE QU'UN ŒUF

Plus cornue qu'un dodécaèdre
une grenouille que cette forme excéd-
ait voulut en prendre une ovoïde
cette grenouille excentrique
se met en boule se contracte
ne se veut pas une sphère
mais bien un œuf très exact
Auprès du bœuf elle s'enquiert
Ne pourrais-je point figurer
dans la boutique d'un laitier?
Quelle singulière ambition
dit l'autre, de vouloir être rond.
Mais la grenouille s'obstina
ce qui devait arriver arriva
et voilà que patatras
elle choit du haut d'un mur
se cassant sur le sol dur

être un œuf a ses aléas

LE CHAT VOLANT DE ROCROI

Le chat de la mère Michel
dort sur le bord du toit
ses moustaches étincellent
son œil s'ouvre et croît

et croit voir une hirondelle
volant le long du toit
il prend son élan vers celle
qui tourne, tourne et tournoie

le voilà qui bat de l'aile
dépassant le bord du toit
le chat de la mère Michel
aviateur des plus adroits

dans les airs point ne chancelle
il se tient même à l'endroit
dans les airs point ne flagelle
il ne montre aucun émoi

on le croirait dans la nacelle
d'un ballon de bon aloi
son aise est ascensionnelle
pas le moindre désarroi

il se perche en sentinelle
tout au sommet du beffroi
et raille les hirondelles
qui rasent le sol de Rocroi

le chat de la mère Michel
dort sur le bord du toit

en rêvant aux hirondelles
aux hirondelles de Rocroi

MAIGRE ENGRAIS

Dans le jardin potager
poussent carottes et navets
raves et rutabagas
y passent aussi les chats
qui pissent et laissent des choses
sous les pieds du jardinier (morose)
s'il met dedans le pied gauche
il fera une belle récolte de choux verts
s'il met le pied droit
il fera chou blanc
mais sur le moment
il ne pense qu'à vitupérer les chats
qui viennent déposer leurs cacas là

CHANGER DE CRÉMERIE

Dans la forêt de Montgeon
un chêne monumental
servait de capitale
aux oiseaux des environs
Dans leur esprit provincial
les autres arbres n'étaient bons
qu'à un habitat rural
Seul le chêne principal
digne de glorification
recevait l'hommage général

de toute la population
mais un jour la foudre tom-
be carbonisant le végétal
alors tous les oiseaux s'envolent
pour leur migration annuelle

L'OUVERTURE

Sang fumée ce sont les chasseurs
qui jouent du cor, de l'arbalète
autour d'eux sont les corps morts
      de bêtes

d'animaux qui jouaient et mangeaient
dans les taillis dans la luzerne
et qui point ne se doutaient
      de la giberne

adieu la vie adieu l'amour
le gibier gît devant les gîtes
des reîtres et des pandours
      cyniques

oiseaux oiseaux que je déplore
tout ce mal qui vous assiège
ces gens qui veulent la mort
      de vos arpèges

lièvres dansant dans la rosée
biches bramant au fond des bois
la guerre vous est déclarée
      au mois

de septembre

L'ORAGE

Tout à coup l'orage accourt
avec ses grosses bottes mauves
il piétine les bégonias les blés les prés
il marche sur les chênes
il emplit les rus de son urine
il crache de la boue
il broie l'air entre ses bras
et puis il s'en va
content de lui

LES CHAUSSETTES

A cheval sur sa motocyclette
le fermier va s'acheter
une paire de chaussettes
au marché

le gars Thomas le gars Léon
le gars Gaspard le gars Gaston
arrivent aussi sur leurs motocyclettes
pour faire des emplettes

à table qu'il fait bon boire
et casser une petite graine
on peut même entamer une manille
      coinchée

les forains plient bagages
emportant leurs assiettes

leur pacotille leurs étalages
et leurs paires de chaussettes

à cheval sur sa motocyclette
le fermier revient du marché
fredonnant une chansonnette
nu-pieds

LE VOYAGEUR ET SON OMBRE

Un voyageur pensif en fronçant fort son front
contemplait la nature énorme énorme chose
pleine de mystères et de contradictions
pleine de boules puantes et de fleurs écloses
Tout autour s'étendaient les prés et la verdure
les volcans les jardins les rochers et l'azur
les forêts les radis les oiseaux les pinsons
les golfes les déserts les bœufs les charançons
et le penseur pensif toujours fronçant sa hure
contemplait contemplait contemplait la nature
Il se mit à pleuvoir Alors le voyageur
ouvrit son parapluie et regarda quelle heure
il était à sa montre et reprit son chemin
en murmurant tout bas : moi je n'y comprends rien

L'ÉPONGE

Quand le vin sera mou comme l'eau
quand l'herbe grasse comme le mou de veau
quand le moût vain mais beau

quand vingt mots ou maux verbaux
moudront des sens littéraux
alors il passera de l'eau sous les ponts mous

LE REMORDS

Sur le parapet du quai
une chenille écrasée
se plaint de sa souffrance
implore sa délivrance
la'tête levée vers le ciel
aucun passant ne l'achève
comment mourra-t-elle?
un oiseau peut-être...
mais le papillon déjà mort
demeurera dans le possible

LE PROGRÈS

Terre d'ombre   suie des âtres
bouillon de fumier murs gercés
              plâtres
ornières grasses   brins de paille
huiles de crasse   crottes séchées
          pluie ou soleil
          c'est le passé
salle de séjour salle d'eau
hexagones métaux qui brillent
télévision phone radio
tracteur auto vélo moto
la vache fiente avec sagesse

dans les nouveaux sanitaires
la poule picore des vitamines
ou des atomes de calcium
le chat parle avec le chien
du langage des fleurs
en attendant mieux

LA MOUCHE

La mouche n'a pas de forme humaine
elle ressemble plutôt à une brebis
son bêlement se fait entendre au cours des siestes
comme les hommes elle dort la nuit
la mouche se nettoie la tête comme le chat
se lisse les ailes comme le moineau
et s'immobilise parfois pour réfléchir
Elle réfléchit à la nature du verre
et quand elle croit avoir résolu le problème
          elle s'envole
et pan! la voilà qui se cogne contre la vitre
          encore une fois
contre la vitre qui, elle aussi, réfléchit

LE RAT DES VILLES
ET LES RATS DES CHAMPS

Un rat des villes
s'en vint aux champs
se mettre au vert
chez ses parents
de pauvres petits paysans

ils entassaient pour leur vieil âge
des grammes et des grammes de gruyère
qu'un gros matou du voisinage
venait dévorer voracement
et les pauvres petits paysans
accumulant accumulant
ne faisaient que nourrir ce vilain personnage
et il ne leur resterait rien pour leur vieil âge
le rat des villes s'étonnait
de ce curieux système de sécurité
sociale
puis il se fit une raison
mangea lui aussi du gruyère
et passa d'agréables vacances
dans un joli coin de la douce France
du côté de la frontière suisse

L'OISEAU

Il la regarde de loin
il n'approche pas
les toits fument
des clochers piquent
des points bougent
l'ensemble bourdonne doucement

la route s'écoule fluide
entraînant de petits grains qui roulent
en poussant de temps à autre un coinquement
il y en a qui remontent le courant
ceux qui veulent aller à la ville

lui ne veut pas
il la regarde sans s'approcher
puis brusquement il s'envole
et disparaît

LE SOLEIL

Le soleil rouge comme une boule
se prépare à prendre ses quartiers d'hiver
il s'enveloppe de brume
il hésite à descendre
dans les sous-sols de l'horizon
où il a fait son nid
il jette un dernier coup d'œil
sur ce monde qu'il berce
il pense encore une fois à Copernic
à Kepler à Galilée
qui découvrit ses taches
à tous ceux qui s'occupèrent de lui
il ne leur en veut pas
bien au contraire il est touché
de leur attention
et il ne se remémore jamais sans émotion
qu'Anaximène l'estimait plat comme une feuille
et qu'Héraclite lui attribuait la largeur d'un pied
    d'homme
il se décide enfin
et rejoint ses quartiers d'hiver
jusqu'à la prochaine aube

ENCORE LE PROGRÈS

Aussi vrai que je m'appelle Grégoire
ça ne se passera pas comme ça

il prend sa hache et sa cognée
et son fils dessous son bras
pour aller le décapiter
ah mais ça ne se passera pas comme ça

le petit Nazaire le fils à Grégoire
on lui avait confié le semoir
il y a mis des pois de senteur
au lieu d'un champ de blé on a un champ d'odeur

aussi vrai que je m'appelle Grégoire
dit le père
ça ne se passera pas comme ça

au milieu de la forêt
voilà qu'il l'a entraîné
il lui a mis la tête sur le billot

car il mérite la peine de mort
celui qui fait du tort
à l'agriculture

aussi vrai que je m'appelle Nazaire
dit le fils
ça ne se passera pas comme ça

alors quoi? plus moyen de moderniser
il ne faut plus de blé mais des fleurs

moi j'irai au marché
vendre mes pois de senteur
et je pourrai acheter
un nouveau tracteur

alors Grégoire laisse tomber
sa hache et sa cognée
soupire : c'est le progrès
aussi vrai que je m'appelle Grégoire
eh bien ça se passera comme ça

LE CITADIN AUX CHAMPS

Abuser du temps qui passe
soustraire l'air d'une souris
piocher dans le beurre en motte
atteindre l'eau d'un coup de scie
piétiner l'or de la crotte
étreindre le blé sans épis
insulter mouche qui trotte
sermonner les pous des brebis
abuser du temps qui passe
voilà tout ce qu'à la campagne
fait le monsieur de Paris

SOIXANTE-QUATRE ANS

Une broche d'étain pourrissait sur la route
la petite fille qui l'avait laissé tomber
atteignait maintenant ses quatre-vingts ans
elle ne pensait plus à sa broche d'étain

elle ne pensait plus qu'à couper de l'herbe pour ses
   lapins
et tous les jours elle marchait sur la broche d'étain
morte dans son souvenir depuis soixante-quatre ans

TO BE OR NOT TO BE

Le fou devient le hêtre
on le disait aussi faux
des fousteaux dans les montagnes froides
jusqu'à ce qu'un poète anglais
cessant de le rimer champêtre
l'accorde avec le néant

INSECTES

Sous le boisseau la lampe éclaire
une allée-venue de fourmis
court court l'épeire
oiseau de nuit sans ailes
elle compte ses pattes
et trouve un nombre différent chaque fois
cette araignée non arithméticienne
s'avère meilleure géomètre
lorsque sortant du boisseau
elle va dans le jardin
tracer des constructions légères
pour attraper des perles d'eau
la lampe s'éteint doucement
les fourmis travaillent travaillent
travaillent éperdument

l'épeire bâille bâille
en attendant
les mouches Ah cruelle épeire
qui te construis dans les jardins mélancoliques
de petits abattoirs en fils de diamant

LE PASSANT

Quand sombra l'horizon ouvrant les portes noires
      s'allumèrent des lampions
ils n'exsudent nul feu de leur modeste gloire
      bien que luisant comme tisons
sur la route un traînard regarde la polaire
      la grande ourse avec son ourson
puis il baisse les yeux vers le sol et la terre
      où il pérégrine à tâtons
il pourrait écraser ces modestes bestioles
      avec sa semelle de plomb
mais bien loin de ses pieds les lucides lucioles
      ont leur domiciliation
respectueux il passe en saluant les lampyres
      soulevant son chapeau melon
car il ne voudrait pas pour le plus grand empire
      mécontenter ces vibrions

LA MAIN À LA PLUME

J'écrirai des poèmes
sur le lait le beurre la crème
j'écrirai des odes en vers heptasyllabiques
sur les vaches les brebis les biques

j'écrirai des myriades de myriades de sonnets
sur le vent qui couche les lourds épis de blé
j'écrirai des chansons
sur les mouches et les charançons
j'écrirai des sextines
sur les fonds de jardin où se mussent les latrines
j'écrirai des phrases obscures
sur l'agriculture
j'utiliserai des métonymies et des métaphores
pour parler de la vie des porcs et de leur mort
j'utiliserai l'assonance et la rime
pour parler des prés, de la forêt, de la campagne
j'écrirai des poèmes
la main sur la charrue du vocabulaire

LA CULTURE

Dans la friche on sème des mots
on y sème aussi des phonèmes
des morphèmes des sémantèmes
roses roseaux aux bords de l'eau
bruns grains fichés dans les labours
verts coquelicots des prairies
noirs lys au fond des forêts
dans la friche on sème des mots
pour qu'ils repoussent bien plus beaux

ENCORE LE CYCLE DE L'EAU

La pluie vadrouille entre les chênes
se frotte aux nids de lichens

s'enfonce à travers l'humus
on la croit morte ou perdue

sassé par les branches torses
le soleil sèche feuilles écorces
voici la pluie réapparue
elle renaît dans ce ru

elle ira jusqu'aux usines
jusqu'aux égouts jusqu'aux sardines
et reviendra comme autre plu-
ie verdir les chênes orangés

LA NUIT

Elle replie soigneusement la couverture
qu'elle étendait aux quatre pôles de l'horizon
elle la roule avec lenteur et précision
pour qu'apparaissent le drap et les bleuissures
des grains qui vont mouiller routes et buissons

cette vieille femme qui porte un ballot de loques
c'est elle
elle attend l'autocar des nyctalopes
elle reviendra elle reviendra c'est sûr
étendre sur le sol sa ferme couverture

EN 1913

A cinq heures du matin on mange du boudin
à cinq heures du soir on mange du lard

la grand mère a dans une boîte en carton
les lettres du fils parti aux colonies
le frère aîné récolte les moissons
et ne s'enrichit guère avec les blonds épis
le curé analphabète
en chaire fait de grands gestes
les hommes vont boire au café
en tapant une manille coinchée
les chevaux crottent avec dignité
tout autour de la place du marché
les jeunes plaisantent grossièrement avec innocence
l'année prochaine ils iront mourir pour la France
un sculpteur travaillera consciencieusement pour leur
    gloire
on n'en trouvera aucun pour faire la même chose
    trente ans plus tard
la grand mère est morte et les enveloppes envoyées
    par le fils
susciteraient maintenant la convoitise des philatélis-
    tes

SOLIDE COMME UN ROC

Crevassé de petites pluies
de timides érosions
de socs de plantes évanouies
de trous d'insectisations

le rocher poursuit sa route
immobile dans le temps
immobile dans les champs
il vogue aussi vers son about-

issement final en poussière
qu'emportera le vent
pour redistribuer sur la terre
ce fils du sédiment

à moins que ne sèchent les eaux
que les herbes ne s'éloignent
et les taraudeurs avec elles
à moins que l'air ne s'envole
et que dans un monde désert
le rocher poursuive sa route
jusqu'au final embrasement

LE PEUPLIER ET LE ROSEAU

A cheval sur ses branches
le peuplier dit au roseau
au lieu de remuer les hanches
venez faire la course au trot

le peuplier caracole
il fait des bonds de géant
c'est tout juste s'il ne s'envole
pas; le roseau, lui, attend

l'arbre se casse la gueule
expire chez le menuisier
et servira de cercueil
à quelque déshérité

amère amère victoire
le roseau qui n'a pas bougé
ne retirera nulle gloire
de s'être immobilisé

ÇA BOUGEAIT

Brusquement saute
une grenouille? un arbre? une montagne?
simplement une colline?
l'arbre bondit le ruisseau court
la route se déploie
le blé ondoie
les cailloux roulent ou s'envolent
les forêts font des cabrioles
les marais les étangs bouillonnent
un saule qui pleurait éclate
de rire et se dilate
la falaise se remue se gratte
et brusquement
l'homme paraît alors tout s'arrête

tout s'est immobilisé sauf
parfois un mouvement nerveux, involontaire
une branche qui tombe sur une tête
un rocher qui dévale une pente
ou bien un simple tremblement de terre

MIDI D'AOÛT

Ténèbres au fond du blé
obscurité des moissons
soleil aveugle titubant
cieux déchirés au fer rouge
meules de mystères sèches
éteules étendues étales

épis noirs sur l'aire noire
paille broyée vers l'horizon
chaos énigme du son
c'est la fin de la moisson
on voit se dessiner au loin
l'odeur fauve du bon pain

ALLER EN VILLE
UN JOUR DE PLUIE

On piétine la boue
en attendant le car
le car est en retard
la colère qui bout

enfin voici le car
il fait gicler la boue
on voyage debout
le car est en retard

ça sent le drap mouillé
la sueur qui s'évapore
sur les vitres la buée
Ce moyen de transport

nous amène à la ville
on s'y fait insulter
des agents peu civils
nous y mépriseraient

si farauds du terroir
on leur un peu marchait
sur leurs vastes panards
en allant au marché

les garçons de café
nous servent peu aimables
ils n'ont pas de respect
pour la terre labourable

la journée est finie
on rentre par le car
la boue toujours jaillit
pressée par les chauffards

voici notre village
voici notre maison
il pleut il pleut bergère
rentre tes bleus moutons

JARDIN OUBLIÉ

L'espace doux entre verveines
entre pensées entre reines-
marguerites, entre bourdaines
s'étend à l'abri des tuiles

l'espace cru entre artichauts
entre laitues entre poireaux
entre pois entre haricots
s'étend à l'abri du tilleul

l'espace brut entre orties
entre lichens entre grimmies
entre nostocs et funaries
s'étend à l'abri des tessons

en ce lieu compact et sûr
se peut mener la vie obscure
le temps est une rature
et l'espace a tout effacé

LES DEUX GYMNOSPERMES

Le lichen et la fougère
s'embrassaient tendrement
au fond de la clairière
ah! les heureux amants

Mais l'un d'eux s'ennuyait
s'ennuyait âprement
et l'autre le savait
ah! les heureux amants

La fougère un beau soir
prit son automobile
pour, sans dire au revoir,
s'en aller à la ville

Le lichen desséchait
de douleur et d'amour
au fond de la clairière
il pleurait tout le jour

ayant vu le cosmos
la fougère soudain
toujours fraîche et dispose
en la forêt revint

Le lichen était mort
mais la fougère alors
en pleurant bien bien fort
ressuscita le corps

Le lichen suscité
aima fougueusement
la fougère exaucée
par ce revirement

Ils eurent des enfants
de petits gymnospermes
ah! les heureux amants
tout gonflés de leur germe

CIMETIÈRE OUBLIÉ

Les morts révoltés
les morts syndiqués
sortent du cimetière
avec leurs crânes délavés

pas de prière
devant le calvaire
ils ne se sont pas agenouillés
les morts se sont révoltés

ils arrivent devant monsieur le maire
ils protestent, ils ont violemment protesté
qu'est-ce qu'ils voulaient?
ils s'étaient syndiqués et le maire leur a parlé
colloque discours et rencontre au sommet
ça a duré toute la journée

les morts tenaient des propos de syndiqués
le soir le garde champêtre les a reconduits au cimetière
et puis il a fermé la porte
d'un quadruple tour d'une lourde clé.

depuis ce jour-là le cimetière est abandonné
on ne visite plus le cimetière

OCTOBRE, NOVEMBRE,

Dans l'automne rougeâtre
pend une poire à l'espalier
il commence à faire frais le soir
c'est la rentrée des écoliers

il tombe des feuilles mortes
on chantonne mélancolique-
ment en balayant devant sa porte
on dirait même qu'il va pleuvoir

les hirondelles volent rase-mottes
de plus en plus de feuilles mortes
les dernières fleurs se sont éteintes
la poire prend brune teinte

puis elle choit non cueillie
poire blette poire pourrie
elle devient un peu de boue
les feuilles mortes couvrent tout

l'automne rougeâtre s'incline
devant la menace du temps
il fait doucement ses valises
doucement tout doucement

LE RETRAITÉ

Planter ses choux
au pied de la colline
c'est un plaisir bien doux
pour l'ancien citadin

où sont les ouatures mutines?
où sont les autobus trapus?
où sont les métros suburbains?
où sont les tricycles très fous?

où sont la boue et la poussière?
où sont les arroseuses molles?
où sont les cases ardoisières?
où sont les toits qui s'envolent?

tout ça donne mélancolie
au vieillard qui plante ses choux
penser à la vie de Paris
est toujours un plaisir bien doux

puis un jour au-delà des terres
meubles ou bien asphaltées
il disparaîtra dans l'éther
en laissant ses choux se pommer

PERPLEXITÉ

En sortant de sa cabane
le bûcheron se demande
s'il ne va pas neiger

pas un nuage
le bûcheron regarde le thermomètre
il fait trente-trois degrés

pas une brise
le bûcheron regarde le calendrier
on est le quatorze juillet

pas un souffle
le bûcheron suce son index
et le tend vers le ciel

le soleil fleurit
inondant la clairière
de ses étincelles

on ne saurait trop se méfier
le bûcheron se demande
s'il ne va pas neiger

LA CAVE SÈCHE

La ségestrie buvait le vin
dans un vidrecome en carton
la cave est vide et les bouchons
s'effritent pauvres orphelins

des polygones aux coins
ornent les murs de coton
y pendillent à foison
momifiés de petits grains

qui furent des mouches vermeilles
valsant joyeuses au soleil
pourquoi sont-elles allées là
dans cet abîme où il fait froid

la ségestrie mourut aussi
d'un muscidisme invétéré
la cave est vide et la poussière
sous sa propre poussière dort

LE BON VIEUX TEMPS

Le moissonneur pour son Noël
s'achète une faux
une faux électronique
plus rapide que l'éclair

elle compte aussi les épis
qui tombent à chaque andain
elle en détermine le prix
compte tenu du marché commun

elle peut s'autoréparer
s'il lui arrive quelque anicroche
elle peut si l'on veut chanter
un air à la mode

le moissonneur est bien content
il met une bûche dans l'âtre
et dans un ancien récipient
où dort une soupe verdâtre
il taille le pain de ciment

pour s'en faire un solide emplâtre
fume sa pipe un bon moment
puis s'endort dans des draps blanchâtres
et passe la nuit en rêvant
aux plaisirs un peu douceâtres
que l'on avait au bon vieux temps

LE VOYAGEUR

Je marcherai longtemps sur la route immobile
sans me faire de bile en marchant très longtemps
j'arriverai peut-être aux portes de la ville
en restant immobile et pourtant en marchant

M'arrêtant un peu las aux portes de la ville
je regarderai lors les murailles longtemps
avant de me risquer dans ses rues infertiles
où m'attendent geignards ses rusés commerçants

Dans un hôtel miteux je nettoierai mes bottes
dans un snack incertain je mangerai du pain
puis je me coucherai en attendant les aubes
en rêvant de ces pas qui ont fait mon chemin

Sans marcher plus longtemps me tenant immobile
sans me faire de bile éveillé ou dormant
je quitterai peut-être une certaine ville
où j'allai un beau jour immobile restant

Sur l'horizon plaintif jetant un dernier souffle
j'éteins la calebombe et son ultime lueur
je n'ai jamais bougé Tout être se boursoufle
lorsqu'il veut s'agiter au-delà de sa peur

LE LION ET L'ESCARGOT

Nous irons
dit la chanson
au jardin zoologique
nous irons
disent les colimaçons
voir les tigres et les lions

ah quel bonheur
ah quel bonheur
de penser que dans nos cantons
heureusement loin de l'Afrique
ne circulent plus quelle peur
les tigres et les lions

de belles bêtes
de belles bêtes
sur leurs rochers en carton
mais quelle drôle de musique
si revenaient dans nos cantons
ces belles bêtes
ces belles bêtes

retournons
retournons
en pensant à l'Afrique
retournons
dans nos buissons
disent les colimaçons

ils rentrent dans leurs buissons
les colimaçons

les colimaçons tragiques
ils rentrent dans leurs buissons
où les attendent triomphaux
les consommateurs d'escargots

LE PAYSAN À LA VILLE

Endimanché comme une poésie
le pé Mathieu va-t-à Paris
'l'a dans sa poche son petit transistor
sa télé portative et son stylo en or
il va pas voir la tour Eiffel
ni Notre-Dame ni la Sainte-Chapelle
mais il se précipite au Sexy
au Crazy Horse Saloon et ses après-midi
il les passe à la Bibliothèque Nationale
à lire des brochures sur l'histoire communale
ou bien encore aux Archives à étudier sa généalogie
et quand il en a assez de Paris
il reprend sa bérouette
pour charrier un peu de purin
faut mettre la main à la pâte
pour faire pousser le bon pain

ENCORE UN PAYSAN À LA VILLE

Un jour un paysan dut aller à la ville
ah mais ah mais ah mais il n'était pas content
que vais-je donque fiche en cette cité vile
ah mais ah mais ah mais je ne suis pas content

Faut se faire raison prenons donc la bagnole
me voici aussi sec au cœur de la cité
les citadins farauds me traitent d'espagnol
font des queues de poisson ricanent de fierté

Moi je vais mon chemin vers le marchand d'andouilles
vendre ma production dans la porcinité
S'il s'agit de gros sous, faut que je me débrouille
je ne suis pas un sot mais un petit futé

Puis je repars content laissant les urbanistes
se gratter le cerveau question de circuler
et je rentre chez moi souriant philosophiste
regarder animaux et végétaux pousser

LE PORC

Le porc est un ami de l'homme
il lui ressemble énormément
pour des dents on le dit tout comme
aussi point de vue aliments

le porc est un ami de l'homme
on l'égorge communément
on saigne sans nulle vergogne
on se régale de son sang

goret animal adorable
et gracieux lorsque tu deviens
quelque chose de consommable
on oublie ton charme enfantin

on te suspend par les deux pieds
on te laisse le cou coupé
hurler hurler hurler hurler
toute une longue matinée

et lorsqu'enfin tu es bien mort
on se réjouit du bon boudin
que l'on extraira de ton corps
et voilà, porc, quelle est ta fin

pour toi point d'autres funérailles
tu dormiras pas allongé
en gardant pour toi tes entrailles
et tes jambons bien enterrés

RIEN NE SERT DE COURIR

Un grain de blé s'envola
en l'air loin de l'aire
un grain de blé voyagea
parcourant la terre entière

un oiseau qui l'avala
traversa l'Atlantique
et brusquement le rejeta
au-dessus du Mexique

un autre oiseau qui l'avala
traversa le Pacifique
et brusquement le rejeta
au-dessus de la Chine

traversant bien des rizières
traversant bien des deltas
traversant bien des rivières
traversant bien des toundras

dans son pays il revint
brisé par tant d'aventures
et pour finir il devint
un tout petit tas de farine
Pas la peine de tant courir
pour suivre la loi commune

OISEAUX

Oiseaux ciseaux coupant le ciel
flèche de fer des hirondelles
caillous tombant des passereaux
lessivage des étourneaux

promenade des pigeons
promenade des dindons
et des paons la salutation

la poule a perdu sa boussole
elle court éperdument
le coq fait croire qu'il vole
en se perchant sur un aimant

et les canards dans leur mare dignes
se moquent de n'être pas cygnes

DÉSHYDRATATION

Lune d'été prairie rousse
chapelets d'ornements
l'ongle bâille dans la mousse
tard et grade forment le nom

repassés par le soleil
les débris végétaux
se contractent pareils
à ces petits animaux

la terre entière serait sèche
aurait-elle cet agrément
de revivre lorsque l'humide
imbiberait ses ossements

LE VIGNERON DANS SA VIGNE

Le vigneron dans sa vigne
tout en sulfatant médite
il regarde ses ceps sa terre
et pense à tous ces gangsters
qui munis de sulfateuses
forment une armée de tueurs

le vigneron beaucoup plus doux
ne s'en prend jamais qu'au mildiou

UN PERSONNAGE LÉGENDAIRE

Il s'en va délibérément
sur la route majuscule
et de l'aube au crépuscule
il marche comme un dément

il traverse les rus aux gués
et les rivières à la nage
il enjambe les montagnes
et patine sur les névés

il parcourt les départements
les provinces les royaumes
il déplace son fantôme
au-dessus des Océans

il serpente dans les forêts
il se glisse entre les chênes
il rampe sur les lichens
jusqu'à ce qu'il trouve un lé

il s'en va délibérément
ne marchandant pas sa légende
bien serré dans sa houppelande
l'homme aux semelles de vent

LA BAIGNADE CORYDON

Un narcisse regardait
son reflet dans les eaux

il le trouvait très beau
cette image il enviait

un poisson gambadeur
agite la rivière
le reflet de la fleur
étrangement s'altère

le narcisse aperçoit
dans cette onde troublée
la forme perturbée
d'un nageur jouvenceau

et la plante plongeant
filait au cours de l'eau
elle devint bientôt
un baigneur du dimanche

il accosta plus loin
reprit ses vêtements
un narcisse manquait
aux fleurs de la forêt

LA SAGESSE DES NATIONS

Où vas-tu donc forgeron?
je m'en vais ferrer les cigales
et pourquoi pas les charançons
cela me serait bien égal
mais c'est ainsi qu'est le dicton
qui galope par les campagnes
aux proverbes obéissons
et si l'on parle de Cocagne

nous buvons et nous bâfrons
et si l'on parle de l'Espagne
on convoquera le maçon
et si l'on parle de Champagne
on fera sauter le bouchon
et si l'on parle de Bretagne
les patates vont aux cochons
c'est sûr à tous les coups l'on gagne
avecque les expressi-ons
parémiaques et proverbiales
mais où va donc le forgeron?
c'est simple : ferrer les cigales

L'AGGIORNAMENTO RURAL

La nuit se déchire
à la couture de l'horizon
un potiron éclate
se retrouve melon
et le noir s'efface
devant les lueurs
du supernéon

les travailleurs
vont vers les champs
les enfants vers l'instituteur
le soleil vers le zénith
et le curé dit l'introït
en argot

LA LUNE

Sur la lune de lait caillé
on voit un bonhomme
il porte sur son dos
un fagot de gros bois

ça doit être bien lourd
car il n'avance pas
il est là chaque mois
bûcheron d'autrefois

sur la lune de néon
on voit un astronaute
il porte sur son dos
la fusée de retour

il est déjà parti
il n'y a plus personne
entre la mer des Crises
et la Sérénité

sur la lune de coton
on a peint les yeux la bouche
le nez et un gros bouton
sur lequel dort une mouche

toujours on a eu l'impression
que cet objet astronomique
était à portée de la main
familier, mélancolique

LE GRAND MONSIEUR SAINT FOIN

On a coupé les foins
ce qui fait éternuer
messieurs les Parisiens
venus se reposer

les paysans du coin
savent qu'il faut qu'on prie
le grand monsieur Saint Foin
pour guérir l'allergie

le grand monsieur Saint Foin
a fait bien des miracles
pour les poumons qui sifflent
les bronches qui renâclent
et les nez qui reniflent

le grand monsieur Saint Foin
en met dedans les bottes
au fond des artichauts
et donne des calottes
aux gueulards ostrogoths

touristes transhumants
urbains itinérants
estivants parisiens
priez priez Saint Foin
dans sa chapelle (art roman)

LE GRAIN DE TERRE

Une grume entre les doigts
une grume qui roule douce
plus ou moins sphère ellipsoïde
ovoïde telle est la terre

quels doigts la font donc glisser
sur l'orbite qui se déplace
les lois de rationalité
la projettent dans l'espace

deux doigts suffisent pour écraser
la grume comestible
certains craignaient de voir le toit tomber
mais non le poing de géants irascibles

terre tu creuses ton chemin
provisoirement
pendant que le grain de raisin
volens nolens devient vin

UN CRI

Dans la nuit de ciment
le cri de la nature
a fracturé le ciel
comme un pont qui s'éteint
sous le pas des soldats

la nature a crié
une étoile étincelle
un arbre s'est courbé
un roc s'est déplacé
un volcan a dansé

dans ce cri long et lourd
dans ce coup de marteau
dans cet ululement
dans cette déchirure
qui donc s'est exprimé

la nature a-t-elle dit
quelque chose à quelqu'un
la nature a-t-elle peint
un mal irrémédiable
du bien le bien du bien final

dans la nuit de ciment
c'est elle qui crie
la nature entraînée
dans le gouffre du temps
cherchant sa délivrance

LE PETIT HORTICULTEUR

Il a semé dix grains de blé
et trois graines de capucine
dans un jardin tout entouré
de murs et tessons de bouteilles

en ces lieux où la campagne
livre une bataille ultime

aux progrès de la grande ville
il possède un bout de terrain

il bêche, il sarcle, il se penche
— torticolis et lumbagos —
il fume sa pipe et pense
à la récolte de l'été

le blé pousse et la capucine
il moud le grain en farine
et mange les fleurs en salade
autos et motos pétaradent

puis il s'abonne à la revue
d'horticulture comparée
le banlieusard et la nature
ont parfois de ces nostalgies...

MÂLES ET FEMELLES

Le taureau joue à saute-mouton
        avec la vachette
puis ils dansent le rigodon
        ou bien la valsette

l'étalon monte à cheval
        sur la poulinière
puis ils s'en vont dans un bar
        boire un verre

le bouc adore grimper
        sur les rocs abrupts
la brebis aime étudier
        l'histoire de Ruth

ainsi sont les mœurs des mâles
et des femelles
dans le règne animal
de façon providentielle

UN MOMENT DE REPOS

Suspendant sa sarclette au clou dans la muraille
la mort voudrait se reposer
mais le patron l'appelle et veut que l'on travaille
quel que soit l'état de santé
la fatigue la tient la mort se sent bien lasse
son squelette est rouillé
ses os la font souffrir un rhume la tracasse
elle a des cors aux pieds
si elle allait mourir que deviendrait la vie?
elle extravaguerait
un magma turgescent gonflant à l'infini
le sol recouvrirait
et les cinq océans et ce bol biologique
vers le ciel monterait
l'univers bientôt cessant d'être astronomique
vivant exploserait
réveillant dans son coin cet être fonctionnaire
qui par hasard dormait
Reprends donc ta sarclette, ô mort vieux capitaine
fais ton petit métier

PALUDE

Dans les marais vivent des bêtes que d'aucuns trouvent
    innommables
elles leur paraissent le comble de la hidosité
on dit qu'elles s'agitent de façon plus que désagréable
et qu'on n'a jamais vu de telles monstruosités

pauvres animaux des marais à l'existence jugée mépri-
    sable
vous êtes aussi racés qu'un cheval de course à Long-
    champ
mais votre race ne frappe pas les esprits insensibles
elle remonte pour certains au précambrien pourtant

animaux des marais aux formes protéennes
vous qui grouillez joyeux vous entredévorant
ne vous souciez point des jugements esthètes
vous êtes aussi beaux que tel autre vivant

ces larves et ces vers parfaits comme le tigre
nobles comme le lion malins comme le singe
lustrés tels les visons rapides tels les zèbres
ont même quelquefois la rondeur de l'orange

êtres paludéens continuez donc de vivre
engendrant de nouveaux êtres paludéens
vous serez célébrés au moins en cestui livre
ce doit vous consoler du dégoût pharisien

SPIREA

Dans les prés reine est l'aspirine
les ronces et les potentilles
                          voisinent
la rose suit l'églantier
comme le prunier le pêcher
l'abricotier et l'amandier
                le cerisier
les senelles sont d'aubépine
comme des sorbiers les sorbes
comme les poires commes les pommes
                          et les bibasses
et jaillit le laurier-cerise
et le bois de Sainte-Lucie
dont on fait les tuyaux de pipe

mais voici l'industrie chimique
et l'on oublie la spirée

ARBRE, CE BRAS

Un bras brandit loin du sol
la palme de sa main ouverte
mille doigts montrent le ciel
tout tachés de peinture verte

les muscles gonflent les charnières
du liège et la croûte se fend
se glissant hors de l'armure
un doigt parfois parfois se tend

le corps gisant entre les pierres
en un réseau de tentacules
se concentre dans ces nerfs
qui s'effilochent graciles

à ton ombre, arbre, se brise
le bois sec que tu rejetas
et pourrit doucement l'humus
fait des feuilles que tu fanas

arbre, ce bras

HANNETON

Hanneton coureur d'aventures
il percute un jour un citron
il se fait mal le pauvre insecte
cependant que l'agrume fond
l'animal repart dans l'espace
volant de son vol brut et lourd
mais sans le même équilibrage
son citron à lui devient gourd
puis il se traîne et hallucine
et meurt dans un coin de cuisine
en attendant que ses enfants
deviennent de jolis vers blancs
tout comme en écrit le poète
quand le son des rimes l'inquiète

BIEN AU CALME

Un oiseau chante à sa façon
pour accompagner le maçon
en haut de son échafaudage
le coq souffle dans son alto
la dame éreinte son piano
et ça fait un sacré tapage
à quoi s'ajoute le marteau
du forgeron et les autos
et les camions dans le virage
sans parler de dix-huit radios
tévés ou transistors ruraux
on croit entendre vingt orages
Assis sur son banc un vieux sourd
bourre une pipe d'un doigt gourd
en écoutant de son village
le bruissement très très lointain
qui s'accorde tout à fait bien
avec le calme de son âge

POUSSIÈRE

Derrière les semelles
vole la poussière
à condition de ne pas battre
l'asphalte des routes goudronnées

dans cette poussière il y a
de quoi rêver
du pollen des fleurs décédées

de la bouse de vache séchée
des éclats amenuisés
de silex ou de calcaire
du bois très très émietté
des feuilles pulvérisées
quelques insectes écrasés
des œufs de bêtes innomées

et tout ça vole vole vole
lorsque c'est un peu remué
et tout ça vole vole vole
vers telle ou telle destinée
projeté à coups de souliers
sur le chemin mal empierré
qui conduit au cimetière

L'OBLITÉRATION

Roi des prés cimetière des champs
que l'on voit du haut du ciel
dans l'avion qui le survole
tu es comme un timbre-poste
collé sur la lettre verte
que la terre envoie au néant

LE LIMON DISCUTÉ

Dans la terre glaise dans la terre glaise
le pied enfonce profondément
il va jusqu'à la cheville
chercher son origine

et pourtant point ne fut terre
le premier vivant
mais un peu gluant
voguait sur les mers

il ne faut pas chercher si loin
tout retourne en poussière
et pourtant et pourtant
la source est liquide

en plantant ainsi son pied
dans le sol humide
le paysan sait ce qu'il sait
de façon solide

jamais ton pied ne plantera
deux fois dans la même terre
c'est Héraclite qui dit ça
près du cimetière

TEMPS INCERTAINS

Au fond d'une grotte profonde
vit un homme des cavernes
il est oublié du monde
oublié du temps

avec une faux de silex
il se coupe un peu d'herbe
qu'il broute paterne
sur le pas de sa caverne
à l'entrée

il s'assoit là comme un concierge
pour regarder pousser les arbres
courir les insectes
se fendre le marbre

quand le moment vient il hiberne
avec le printemps il s'éveille
avec l'été il sommeille
l'automne le trouve taciturne

parfois partisan du progrès
il se veut quelque peu moderne
depuis peu il polit la pierre
et bientôt deviendra potier

le dimanche il descend au village
on refuse de le regarder
il achète pourtant du fromage
et des lacets de souliers

il pense au temps où même
le caillou ne se taillait pas
il n'y avait point de feu
mais c'était un autre climat

adieu adieu passé des pierres
au fond de sa grotte profonde
un homme oublié du monde
trouve que malgré tout ça tourne

LE MUGUET D'AUTOMNE

Un chauffeur de camion
à son tableau de bord
cultive un brin de muguet
qui honore l'automne
autant que faire se peut
pour un muguet bien tristouillet
un muguet de novembre
les deux doigts de l'essuie-glace
poursuivent la pluie qui tremble
en veines qui laissent traces
hors des arceaux secs
Un peu d'eau ferait du bien
au muguet qui périclite
mais il faut poursuivre son chemin
et comme le dit Héraclite
on ne met jamais deux fois sa roue
dans la même ornière

VESPER

Le berger pique une étoile
il dit c'est celle-là
c'est celle-là qui étincelle
et qui scintille exprès pour moi
ce n'est pas telle ou telle autre
dans le grand champ picoré
quelle poule gigantesque
a pu trouer le noir papier
non ce n'est pas celle rouge

ce n'est pas la verte non plus
ce n'est pas celle qui bouge
une seule lui a plu
le berger sait que cette étoile
le mène à travers la vie
et le recouvre de son voile
lorsqu'il s'endort dans la nuit
d'ailleurs c'est une planète
mais sur la question le berger
n'a pas d'idée aussi nette
qu'en aurait un cosmonaute

LE REPOS DU BERGER

Y aura-t-il un obstacle
à la poursuite du vent?
Y aura-t-il obstruction
à ce que volent les mots?
Y aura-t-il empêchements
à la pose des inscriptions?
le vieillard berger sonore
hurle et crie dans la vallée
que l'écho redise encore
les injures ondulées
en a-t-il donc à la pierre?
aux arbres? aux rus? aux serpents?
aux sucs de la bonne terre?
aux herbes tout envahissant
mais ce ne sont plus des injures
car le vent en les emportant
les sasse et les voilà pures
les phonèmes du dément
les mots caressent donc la pierre

les arbres les rus les serpents
les sucs de la bonne terre
les herbes tout envahissant
et le berger devenu sourd
à sa propre injustice
s'étend pour enfin dormir
dans le silence enfin complice

LE RÉVEIL

L'œuf la trompette
la suie des champs
cromorne

des valses palpent pulpes se révulsent
des valises pâlies puent des poulies ulcérées
contournent le cou des réas

l'œuf la trompette
(c'est le coq qui chante)
la suie des champs
(elle se dissémine : c'est le crépuscule du matin)
cromorne
(c'est encore le coq idiot)

il faut avoir de la pitié
pour les gallinacés
si peu doués

les songes sont finis
on remonte l'eau du puits

KENNST DU DAS LAND...

Sur les falaises du pays de Caux ne poussent pas
  beaucoup de mandariniers
Ils y sont beaucoup plus rares que les citronniers et
  même que les orangers
Ce n'est donc sans doute pas encore là le pays des
  Hespérides
On n'a jamais raconté qu'Hercule ait consommé beau-
  coup de cidre

Sur les rochers bretons ne poussent pas beaucoup de
  citronniers
Il y sont beaucoup plus rares que les orangers et même
  que les mandariniers
Ce n'est donc sans doute pas encore là le pays des
  Hespérides
On n'a jamais raconté qu'Hercule ait eu des entrevues
  avec les druides

Le long des marais vendéens ne poussent pas beaucoup
  d'orangers
Il y sont beaucoup plus rares que les mandariniers et
  même que les citronniers
Ce n'est donc sans doute pas encore là le pays des
  Hespérides
On n'a jamais raconté qu'Hercule ait été aimé par la fée
  Mélusine

Sur le pourtour de la Méditerranée ne poussent pas
  beaucoup de pommiers
Il y sont beaucoup plus rares que les citronniers, les
  mandariniers et les orangers

Peut-être qu'Hercule en s'en retournant du pays des
   Hespérides
Regrettait de ne pas avoir parlé de Mélusine avec les
   druides, en buvant du cidre

CYCLE SCOLAIRE

Traîner ses pieds dans la bouillasse
disperser les tas de feuilles mortes
on a repeint les ardoises au goudron
il pleut sur les cahiers de notes
les vers à soie c'est dégoûtant
pourtant on est aux petits soins
l'hiver passe avec ses châtaignes
on ouvre la fenêtre au vent
bientôt crépitent les hannetons
le soleil donne un peu plus fort
à Paris on prend la Bastille
et l'on s'en va bien muni
de quelques règles de grammaire
d'arithmétique de géométrie
qui dissolvent les grandes chaleurs
qui fondent elles-mêmes en humeurs
en ouragans et en bourrasques
traîner ses pieds dans la bouillasse

CHAT, RAT

Rat noir, rat gris
le rat mintrit

menue, mignote
la souris chicote

le chien endormi
rêve à petits cris

le chat paresseux et thermométrique
regarde le radiateur électrique

LA FOUDRE

Pour des étincelles ce sont des étincelles
des qui cassent la vaisselle
déshabillent les bergères
rôtissent les mirabelles
bouleversent les litières
désorientent les cervelles
rongent les ombellifères
obscurcissent les chandelles
zigzaguent dans les fougères
galopent par les venelles
décapitent les chaumières
détériorent les javelles
voltigent sur les tourbières
mettent à sec les venelles
gambadent dans les clairières
tout cela point ne rassure
les femmes et les enfants

ENCORE, ENCORE LE PROGRÈS

Écoute! qui chante? une idole
dans le transistor agricole
le coq sous sa crête écœuré
désormais ne veut plus chanter
regarde! le monsieur qui parle
sur l'écran de télé rural!
la vache ferme ses beaux yeux
pour ne pas voir ce truc hideux
entends! vois ce qui pétarade!
un danger pour les quadrupèdes!
voici venir les temps nouveaux
se prélassant dans une auto

LA TRADITION

Une borne plantée à coups de gifles
apprend le chemin au gamin
le grand-père fume sa pipe
en attendant après-demain
ni cadastre ni retraite
l'enfant part en courant
sur les routes bien connues
cependant que le vieillard
sachant la borne invincible
veille à ce qu'un peu plus tard
il reste là — invisible
pieu planté dans l'atmosphère
cailloux semés sur le sol
l'enfant retrouve son grand-père
toujours ferme en son domicile

FEU LE JARDINIER

L'homme est mort et son jardin vit
les plantes y sèment leurs graines elles-mêmes
sans aucune aide rationnelle
les graviers vêtus de mousse
les arceaux habillés de lichens
ne mènent plus au bassin où moururent les nénuphars
plus d'allée plus de fontaine
plus de pas pour écraser
l'insecte aventuré
la serpette et l'arrosoir rouillés
difformes abandonnés
ne représentent plus l'ordre clair
chacun pousse à sa façon
et la place est chère au soleil
il y a des morts et des blessés
parmi les végétaux abandonnés
qui regrettent peut-être la main du jardinier

LA LIMACE

Limace pure et sans tache
dont la bave trace dans le dédale des bourraches
son espace tout en surface
limace vorace dont la fringale
ravage la salade automnale
limace âme sagace
semblable aux sargasses humaines
limace brave qui perpétue ta race
vivace malgré la haine du campagnard

limace trisyllabe limace méconnue
il faut te donner un peu d'affection
pour que tu continues paisiblement ton chemin
et que sur ta face s'efface la trace de ton angoisse
et celle de ta bave aussi
sur les soucis

DRÔLE D'ANIMAL

Au fond des fourrés de la forêt
il y a un drôle d'animal
il est sensible insensible ni bien ni mal
il n'attaque pas son semblable
ni l'autre
il ne ratisse pas le végétal
pour sa consommation courante
souvent il reste là
ou bien ici
il se reproduit sans histoires
il existe

parfois il murmure
avec les feuilles

VIEILLES HISTOIRES

Les vieux se sont assemblés
pour jouer à la marelle du passé
ils font des coups fumant
évoquant Untel assassinant
sa femme

tel autre violant sa fille
tel autre encore sa jument
machinchouette étranglant son père
truc chose noyant sa grand-mère
et tu te souviens et tu te souviens
c'était le bon vieux temps sans hélicoptères
sans spoutniks et sans gasoil
et tout ça se dit en langue d'oïl

les vieux se sont assemblés
pour jouer à la manille du passé
toi je t'ai donné une beigne
et les coups de pied au cul
que tu as reçus
et toi la trempe dégustée
et toi les gifles récoltées
on s'est battu comme chiffonniers
on a distribué les raclées
et tu te souviens et tu te souviens
c'était le bon vieux temps sans hélicoptères
sans spoutniks et sans gasoil
et tout ça se dit en langue d'oïl

LE NEZ FIN

Prends un brin d'herbe et froisse-le
entre la pulpe de tes doigts
et tu sentiras parfois une odeur amère
et parfois celle du printemps
c'est peut-être de l'anis c'est peut-être de la menthe
c'est peut-être la plante
qui fait rêver à tous les parfums de l'Arabie
à la cannelle au gingembre à l'ilang-ilang
au poil de l'âne qui fait hihan hihan

à la roche rôtie à la pierre panée
à la route rouillée à la boue piétinée
à l'eau
à rien

LE CHIEN ET L'ÉVÊQUE

Un chien regardait un évêque
au cours d'un match de championnat
les séminaristes tapaient
dans le ballon sphéroïdal
c'est qu'il m'agace dit l'évêque
je ne peux suivre la partie
je voudrais bien que mon équipe
la gagnât contre les laïcs
le chien regardait le prélat
et ça ne l'intimidait pas
mais à la fin le dit évêque
discrètement d'un coup de pied
fit comprendre à ce quadrupède
que fortement il l'ennuyait
Alors le bon chien répondit
Si vous portiez quelque intérêt
à cette partie de piedballe
vous laisseriez cet animal
— c'est-à-dire moi — bien tranquille
en quoi mon regard s'il vous plaît
peut-il à ce point vous troubler?
Vous m'excusez cher canidé
répondit poliment l'évêque
je voulais montrer d'un proverbe
tout simplement la vanité
Eh bien répondit le chien sage
on peut dire que c'est raté

LE VIGNERON DU PORTUGAL

Les chevaux pluvieux galopent
à l'orée des vignes
ils concassent les galets
maritimes

ils réduisent en sable fin
la falaise
sur les coteaux pousse le vin
avec ses grains qui luisent

une bouteille vient s'échouer
sur la grève
elle a contenu le raisin
d'une autre rive

le vigneron regarde peu
les épaves
mais seulement ses plants
qu'il rénove

la mer se montre devant lui
lointaine
et pourtant partiront ses fûts
vers l'Inde

pour revenir concentrés
et gastronomiques
et se vendre aux lords anglais
à des prix astronomiques

LE JARDIN PRÉCIEUX

Les pourpres hortensias timides en leur coin
écoutaient la clochette à l'entrée du jardin
Les galants gardénias dans leurs suaves pourpoints
entendaient le doux cri des arbres enfantins
Les charmants géraniums, agiles et mutins,
se lavaient les cheveux tout autour du bassin
Les violettes émues en robe de satin
tendrement respiraient le bon air du matin

Une gente fillette avec un sécateur
en fit tout un bouquet — la fin de ce bonheur

POUR NOURRIR
LES PETITS OISEAUX

« Le plantain est une espèce de
plante fort commune dont
la semence sert à la nourriture des
      petits oiseaux »
  plantain   fort   de
  plante   sert   dont
      petits oiseaux   des

le plantain est un végétal
fort banal
qui peut servir à l'occasion de thème
à un poème

un jour à travers champs marchait un sacristain
pour ses petits oiseaux il cherchait du plantain

« au sein des Gamopétales
supérovariées bicarpellées
la petite famille des Plantaginacées
est bien difficile à placer »

le Larousse et la Pléiade
ont fourni ces deux tirades
l'amour des petits oiseaux
n'empêche point celui des mots

L'ÉVÊQUE ET LE CHIEN

L'évêque regardait un chien
ce faisant ne pensait à rien
pas même à l'aggiornamento
buvant un verre de sirop
sous le couvert d'une tonnelle
dans la campagne tourangelle
Le chien, lui, regardait les mouches
et remuait parfois la bouche
mais sans pouvoir dire ces mots :
monsieur, nous autres animaux
connaissons aussi vos histoires
ainsi celle contradictoire
de la figue mangeant un âne
conte qui germa sous le crâne
d'un écrivain uruguayen
quant à moi de ce conte ancien
j'utiliserai la méthode
avant qu'elle ne se démode
paisiblement couché sur l'herbe
je retourne aussi le proverbe

GENÈSE D'UN ZOO

Au lieu de s'arrêter sur l'Ararat
l'arche se retrouva
sur le fleuve Seine
et finalement échoua
du côté de Vincennes
les animaux on y lâcha
paisibles ils restèrent là
habitués qu'ils étaient
à leur sécurité
patriarcale
De l'Éden, se dit Noé, cela fera l'image
avec des fils de fer et des cages
pauvre image
mais tout de même une image
succursale
testimoniale
et il fonde un Jardin Zoologique
un peu paradis, un peu prison, un peu mélancolique

APPELLATION CÔNTROLÉE

Dans la ville de Cognac
qu'on disait autrefois Compnac
il pousse des champignons
sur les murs des maisons
des champignons alcooliques
ces curieux êtres botaniques
qui s'intitulent torules

de l'eau-de-vie se régalent
c'est ainsi que prennent des cuites
quelques provinciaux thallophytes

LES ANIMAUX ASTRONOMES

Le chien aboie à la lune
le chat miaule à saturne
les chauves-souris sont vénus
le ru coule comme le mercure
un homme dans la nuit marche
la chouette chuinte à jupiter
le chat-huant hue à neptune
le lièvre vagit à uranus
le lampyre reflète pluton
est-ce là l'harmonie des sphères
ou n'est-il bruit que sur la terre

L'ENVOL DES GRAVES

Les ailes ne sont pas lourdes pour les oiseaux
ils les utilisent comme de simples mots
qui vole? est-ce l'oiseau? n'est-ce pas la grammaire
qui chante sur le cyprès près du cimetière
où dorment les chasseurs qui tuèrent en leur temps
quelques merles jaseurs ou bien quelques faisans?
ils dorment ils sont morts mais l'oiseau toujours vole
par ses ailes porté vers d'autres hyperboles

JUIN QUARANTE

Il s'agit d'aller au tir
    avec des arbalètes
on ne le sait pas encor
    on regarde des petites bêtes
en attendant son tour
    pour brûler ses cartouches
ces bêtes dites doryphores
    s'agitent sur les tiges
sans doute des pommes de terre
    puis on vise quelques cibles
avec des résultats divers
    huit jours après cet exercice
    les doryphores ont grandi
    et sont allés jusqu'à Biarritz

LES ABRIS

Cavernes pour hommes préhistoriques
casernes pour soldats historiques
caves pour vignerons éthyliques
cases pour habitants d'Afrique
cases pour rois reines d'échecs
caves pour enfouir les kopecks
casernes pour les blancs-becs
cavernes se lovant dans le roc
pour y rêver loin de l'aurochs
peut-être même pour éprouver le confort
que présente un trou dans la terre

LA PROMENADE EN 1911 OU 12

On prend le tramway on sort de la ville
d'abord il y a les petites villas tranquilles
avec leurs jardinets
ça s'appelle Do mi si la do ré
Sam Suffy ou quelque dénomination encore plus
    recherchée
voilà le terminus tout le monde descend
on fait quelques pas et déjà commencent les champs
de vagues fleurs poussent le long de la route
mêlées avec des orties plantes redout-
ables
car avec on fesse encore les marmots insupportables
Un sentier
mène à travers prés
on trouve un coin superbe
pour s'étendre sur l'herbe
Alors on regarde sans fin des petites bêtes s'agiter sans
    fin
courir sur le sol ou grimper le long des brins
de graminées qui composent ce micropaysage
mais le soleil descend et l'on ne juge pas sage
de rester là car il va bientôt faire frais
il est grand temps de retourner sur ses pas et de prendre
    le tramway
souvenirs lointains souvenirs d'enfance
souvenirs du jeudi souvenirs de vacances
mais non point souvenirs du dimanche
car ce jour-là
on allait au cinéma
déjà

UTILISATION CONTESTÉE
DE LA SCIURE

Écoute bûcheron arrête un peu le bras
que vas-tu faire encore avec tout ce bois-là
Du papier? Du papier pour torcher les derrières
ou pour envelopper côtelettes premières?
Du papier pour flotter au courant des ruisseaux
ou que l'on va trouer aux guichets du métro?
Tant d'arbres abattus pour aussi peu de chose!
Tant de nids dispersés pour de la cellulose!
Il est vrai qu'il en faut pour fixer nos écrits
à nous autres rimeurs car la mémoire a fui
avec la découverte de l'imprimerie :
qui saurait réciter ses propres poésies?
Au temps du parchemin j'aurais plaint les agneaux
sacrifiés au désir de perpétuer nos mots
Ce qui m'eût le plus plu aurait été la brique
le support le plus sûr et le plus pacifique

L'INSTRUCTION LAÏQUE
ET OBLIGATOIRE

Le semeur qui semait se trouve pris d'angoisse
car le soleil se tient bien haut sur l'horizon
de longues heures à sillonner les sillons
avant que cette étoile à l'ouest ne disparaisse

le semeur qui semait se trouve pris d'angoisse
il s'arrête et se dit à quoi bon à quoi bon

j'aurais bien mieux fait de me casser le citron
pourquoi donc fallut-il que point ne m'instruisisse

le semeur qui se meurt se trouve pris d'angoisse
il n'a plus de temps pour avoir de l'instruction
et savoir s'il eut raison de dire à quoi bon

le semeur qui se meurt redevient philosophe
il reprend son chemin à travers les sillons
en distribuant son grain pour une autre moisson

L'ABONDANCE

Charibotées de chous
sur les routes nationales
charibotées de chous
sans valeur commerciale

à la mode de chez nous
que faire de cette alimentation végétale
à la mode de chez nous
sur les routes nationales

dans le bon vieux temps jadis
on pendait tous ces jacquous
qui faisaient pousser les chous
en quantités phénoménales

savez-vous planter des chous
répondre non est préférable
sinon vous les foutrez tous
sur les routes nationales

mais les enfants de chez nous
ont oublié cette rengaine
ils préfèrent les citroëns
sur les routes nationales

L'ÉCOLIER

J'écrirai le jeudi j'écrirai le dimanche
    quand je n'irai pas à l'école
j'écrirai des nouvelles j'écrirai des romans
    et même des paraboles
je parlerai de mon village je parlerai de mes parents
    de mes aïeux de mes aïeules
je décrirai les prés je décrirai les champs
    les broutilles et les bestioles
puis je voyagerai j'irai jusqu'en Iran
    au Tibet ou bien au Népal
et ce qui est beaucoup plus intéressant
    du côté de Sirius ou d'Algol
où tout me paraîtra tellement étonnant
    que revenu dans mon école
je mettrai l'orthographe mélancoliquement

UN PRÉCURSEUR

Assis sur la borne routière, un paysan
              attend
les voitures automobiles de la course Paris-Madrid
qui circulent dit-on à cent kilomètres à l'heure
c'est un paysan curieux des nouveautés de son temps
celui qui s'assoit ainsi sur la borne routière

pour se rendre compte de la réalité de cette fable
des voitures automobiles de la course Paris-Madrid
qui circulent dit-on à cent kilomètres à l'heure
　　　　les voilà finalement
elles écrasent tout sur leur passage et les poules
　　　　　　principalement
elles projettent des cailloux raides comme balles
des tornades de poussière des ouragans d'odeur
à peine le temps de les apercevoir elles écrasent déjà
du village voisin les dindons et les oies

lorsque les mécaniques ont passé, le paysan se lève
　　de dessus la borne routière
pour rentrer à sa ferme où elle sent bien bon, la
　　soupière
il est silencieux et n'adresse pas la parole à la
　　fermière
il regarde tout autour de lui en plissant les paupières
il cherche le poste de télévision et ne le trouve pas
c'est vrai, finit-il par dire, nous ne sommes encore qu'en
　　1903

L'EXODE

Les platanes ne poussent plus le long des routes
ils émigrent vers des lieux plus calmes
ils en ont assez de recevoir dans le tronc
des véhicules lancés à fond
de train et surtout d'entendre les messieurs et les
　　dames
les accuser d'être responsables de tous les drames
Alors ils ont plié bagage et sont partis
loin loin bien loin des nationales

et c'est en plein soleil que le conducteur maintenant
se tapera son casse-croûte qu'il eût voulu réconfor-
tant

LE TÉNÉBREUX

Il voulait serrer une plante sur son cœur sans la
déraciner
une toute petite plante lui suffirait en ce soir sinistre
où il cuve dans son fût tous les malheurs du monde
Il voudrait serrer une plante sur son cœur sans la
déraciner
une toute petite lui suffirait mais comment faire
il ne pourrait l'élever à lui sans l'arracher à son sol
vital
il ne pourrait se rouler sur elle sans l'écraser grossière-
ment
et c'est une plante qu'il lui faudrait dans toute son
innocence
avec sa tige souple ses feuilles amènes et peut-être même
une fleur
mais naturellement il souhaite vivement qu'elle ne soit
pas carnivore
souhait gratuit s'il en fut car il ne trouve aucune plante à
serrer sur son cœur
en ce soir sinistre où il cuve dans son fût tous les
malheurs du monde

APPRENDRE À VOIR

Les champs de blés mauves et les prés rouge sang
le tronc des arbres bleu le feuillage ocre ou brun

les agneaux verts les chèvres jaunes et les vaches
   argentées
le ruisseau de mercure et la mare de plomb
la ferme en sucre roux l'étable en chocolat
pourquoi pas pourquoi pas pourquoi pas pourquoi pas

LES PAUVRES GENS

un champ d'un are
un litre de vin
un stère de bois
un hecto de pain
une lampe d'un watt
un mètre de toit
un centime dans la poche
des années d'existence

L'INSPIRATION

De son juchoir
la poule laisse choir
un œuf

c'est une imprudence
un moment d'absence
mais il tombe pouf
dans la paille :
la fermière était prévoyante

combien de poèmes brisés
que ne recueille aucun recueil

PARADOXE

Il assouplit le chemin
en le tapant de ses semelles
à force d'aller et venir
il lui donnera des ailes

au début c'était de l'acier
du ciment du béton armé
même quand la pluie tombait
la boue était lourde à porter

puis ce devint terre meuble
point trop résistante aux souliers
un sol beaucoup plus flexible
un ruban peu cailloutier

maintenant c'est du velours
de la soie kilométrique
et ce chemin s'arpente pour
des balades philosophiques

L'ESPRIT ET LA MATIÈRE

dignité de l'éléphant
dignité du ciron

dignité du chêne
dignité du lichen

dignité de la montagne
dignité du grain de sable

les consciences charnues s'étalant sur les plages
ont-elles la grandeur des âmes d'un micron?

CE N'ÉTAIT PAS UN VAGABOND

Ira-t-il plus loin que le bout du chemin?
Si le chemin a ce bout c'est qu'on ne peut aller plus
    loin
et pourtant il s'avance sans se douter que ce chemin a un
    bout
il avance comme s'il croyait qu'il pourrait aller loin très
    loin
c'est le pas de l'homme qui sait marcher pendant des
    jours et des jours
c'est le pas de l'homme que n'arrête pas la nuit que
    n'arrête pas l'orage
son image diminue il est maintenant arrivé au bout du
    chemin
au bout du chemin il y a une petite maison
c'est là qu'il entre pour manger sa soupe et mettre ses
    pieds devant le feu
l'homme qui marchait si vaillamment, mais non pour
    aller plus loin

L'UN ET L'AUTRE

Quelque part dans la nuit chante
            un hibou
il chante une courte romance
        dans son trou

se musse-t-il dedans un arbre
   dévasté
baigne-t-il parmi le désordre
   d'un grenier
ou bien habite-t-il la flèche
   d'un clocher
où donc est-il dans la nuit blanche
   on ne sait
d'ailleurs il ne chante mais ulule
   avec ou sans h
et pourtant c'est un chant nocturne
   qu'il parafe
   et qu'il paraphe

LE PREMIER MAI

Pourquoi pourquoi pourquoi
le muguet fleurit-il chaque année
exactement le premier mai
il pourrait fleurir le jour des rois
à la Pentecôte à la Toussaint
à la Saint-Jean ou à la Saint-Glinglin
Même les années bissextiles
cette plante s'obstine
à fleurir le premier mai
sans d'un seul jour décaler
sa floraison
il y a de quoi s'émerveiller
mais peut-être les fleuristes
trichent-ils
un brin
Quant à sa sœur l'asperge

elle est beaucoup plus versatile :
on la mange en toute saison
surtout lorsque mise en conserve

tout cela demande réflexion

LE FOND DES CHOSES

Le chanvre s'enroule autour du réa
pour plonger rejoindre le seau
qui ne trouble nul nymphéa
lequel ne voudrait orner l'eau
noire et lointaine dans le puits
mais que le seau soudain s'élance
il ramène hors de son étui
l'eau claire de la connaissance

PRESQUE

Sur les cartes de l'atlas
les villes sont ronds blancs ou noirs
les fleuves fils secs et tortus
les montagnes des grattis d'ocre
les océans taches bleuâtres
et les plaines bien cultivées
reçoivent l'émeraude

On voit les champs de blé jaunir
les océans violâtres
les montagnes grisonner
les fleuves tumultuaires

et les villes affectent rarement
la forme circulaire
les plus grandes cependant
sont en effet noires de monde

UNE HISTOIRE FABULEUSE

La moissonneuse-batteuse-lieuse
s'en va par monts et par vaux
elle n'est point paresseuse
c'est une bonne travailleuse
et vaut bien le prix qu'elle vaut

le taureau roulant ses gros yeux
se dit : oh la belle bête
Pasiphaë pesait bien peu
à côté de cette conquête

il la séduit aussitôt
elle en tombe amoureuse
il me fera un petit veau
songe-t-elle toute rêveuse

elle devint mère effectivement
d'une égraineuse-écosseuse-dénoyauteuse
et le taureau fut bien content
car il approuvait les mutants
et les histoires fabuleuses

BOUPHONIE

Qui va tuer le taureau?
le prêtre ou le nigaud
l'édile ou le garde champêtre
qui a la hache la plus facile?

Qui a sacrifié le taureau?
ni le boucher ni le héros
ni le colonel ni le charcutier
ce fut un moment solennel

Qui expiera pour le taureau?
le méchant ou le salaud
le coupable ou le mécréant
car voilà un cas pendable

Ni le prêtre ni le salaud
ni le boucher ni le nigaud
ni le colonel ni le charcutier
mais on découvre un criminel

Et tous ils iront en chœur
jeter dans la mare aux grenouilles
un objet qui leur fait horreur
car du taureau coupa l'oreille

LE MONDE SOUTERRAIN

L'oubli taupe fonce dans le noir
oubliette au souvenir
l'animal trace sous la terre
des cieux délaissés

sur son chemin croise un lombric
puis deux, puis cinq, puis dix
tout un peuple vermiforme
effectue un travail agricole

tout un monde s'agite sous l'herbe
l'œil trace la ligne d'horizon
mais n'en existe pas moins sous elle
mille courbes dont la raison
s'égare dans le labyrinthe
du souvenir des lueurs éteintes

DESTIN D'UNE EAU

Où cours-tu, ru?
où cours-tu, ru,
au fond des bois?
agile comme une ficelle
tu coules liquide étincelle
qui éclaire les fougères
minces souples et légères
abandonnant derrière toi
la mobile splendeur des bois

où cours-tu, ru?
où cours-tu, ru,
du fond des bois
tu te précipites à la mort
tu perdras tes eaux vivaces
dans un courant bien plus fort
que le tien qui se prélasse
au pied des fougères

minces souples et légères
ignorant sans doute tout ce qui t'attend
la rivière le fleuve et le dévorant océan

LA VIE DU LOUP

Frissonnant sous la courbure des neiges vides
le loup court à travers champs
il cherche tout un passé d'alexandrins solides
qui le tuaient avec noblesse certes
mais qui le faisaient cependant mourir
il voudrait s'en nourrir afin que disparaissent
ces massacres accumulés tout au long de ces hivers
que n'amollissait point la fée électricité
alors on ne parlerait plus de lui lorsque viendrait le
    printemps
oiseau rare et sublime il irait passer les deux saisons
    bleues
dans les réserves de l'État
et revenue la neige il fumerait son cigare
en regardant ses petits façonner des boules
et madame enfin tranquille chanter
les différentes formes acquises par le satellite effectuant
    sa rotation
quelles que soient les saisons

LE DOUBLE

A deux pas du village
il y a un autre village
c'est le même bien plus beau

il est en plexiglas
tout recouvert de mousse
on y vend du plastic
venu d'Extrême-Orient
c'est le même autrefois
ou le même demain
le maire est un édile
ou bien un technocrate
le garde champêtre débile
franc-archer ou bien automate
et le curé dit sa messe
en étrusque ou en algol
l'aubergiste est une hôtesse
le coq du clocher prend son vol
pour aller visiter Sirius
les rues demeurent palpables
chaque mot y est un lapsus
chaque image assimilable
et il n'y a que deux pas
de ce village-ci à celui-là

UN TRAVAIL BIEN FAIT

L'oie et l'âne ont fait une étude
sur l'homme, ce cancre
c'est un travail plein de méthode
ils n'ont pas épargné l'encre
Après des myriades et des myriades
de pages que le savoir gonfle
ils arrivent à l'idée limpide
que c'est un animal qui s'enfle
pour cesser d'être un bipède
et que doué peut-être de raison
il se montre souvent cruel

LE LANGAGE CORBEAU

S'agitant sur un arbre
un marbre
noir. Il parle
car le
langage ne lui est pas étranger
il sait dire : attention, danger
et même quelques mots plus rares
ne s'entretint-il pas dit-on avec le renard
à cette époque il est vrai il ne savait que chanter
maintenant il prononce des phrases entières et il s'en
   montre enchanté

LE SONGE VÉGÉTAL

Toute une forêt dort
Appuyés l'un contre l'autre
chaque hêtre rêve
les songes frémissent doucement caressant le feuillage
ils s'enroulent autour des fûts
s'il passe un indiscret

le pas s'éloigne
ils flottent
naissant des racines et montant jusqu'aux cimes

l'onirocritique végétale
est une science qui demande des connaissances spécia-
   les

MODESTIE

Secondaire la manière de parler
si l'on joue avec le jabloir du tonnelier
ou le taillet du forgeron
mais si l'on prend le blé le coq le pré
on peut bien se pincer les doigts
en voulant être écriveron

LE MONDE SOUTERRAIN, ENCORE

Des rochers culbutés dans la plaine
un abri pour y dormir
la pluie grésille
on n'y dort pas

un trou dans la falaise verte
les arbres vinrent y courir
ils protègent ceux qui cherchent
le mur sans yeux la paix des ouïes

cette ouverture communique
avec des chants anciens
des personnages peut-être démoniaques
ou bien rien

ou bien rien

il faut toucher le fond de la caverne
pour s'assurer de son absence

BATTRE LA CAMPAGNE

Il met sa fièvre à la fenêtre
pour la faire sécher
il boit la bonne tisane
des herbiers
en regardant voler les hêtres
et marcher
les chemins vicinaux et les ruines
se disloquer
les herbes aller de droite et de gauche
et dans le ciel
des petits nuages en forme d'autruche
au goût de miel
les animaux ont mis leurs habits du dimanche
c'est un conte de fées
le malade va mieux il reprend sur la planche
sa température essorée
tout cela n'était qu'une anicroche
dans un tissu trop serré

Fendre les flots

LE RU INITIAL

Où donc va le ru tranquille?
à la rivière qui l'attire
vers le fleuve à travers la ville
à travers champs jusqu'à la mer.
Que devient-il dans l'océan?
avec ceux de tous continents
il s'exalte en un ru géant

OÙ S'EN VONT LES RUISSEAUX

Dans les rues à minuit ne coule aucun ruisseau
il ne naît qu'avec l'aube et le bon balayeur
qui lui ouvre la porte et dirige ses pas
pousse dans son eau claire ordures, feuilles mortes
les tickets de métro les cendriers vidés
tout et n'importe quoi file vers cette bouche
qui avale le ru pour le rendre à l'égout
Il renaît à l'azur lorsque sorti du noir
il laissera sa lie aux terrains d'épandage
Alors plus pur plus libre il s'en va vers l'aval
retrouver loin des ports le trésor des possibles

LEÇON DE MODESTIE

Le crachat qui dans le ru
mince vogue fièrement
en rivière qui l'eût cru
file plus modestement
lorsque le fleuve l'emporte
c'est avec humilité
qu'il navigue vers la porte
océane où la marée
le déporte vers le grand large
et la vague le prend en charge
pour le dissoudre en l'eau salée

FUTURS FOSSILES ALÉATOIRES

La mer grande dévoratrice digère les résidus
toutes les poubelles de toutes les villes de tous les
    continents
viennent en fin s'enfoncer dans la nuit des abîmes
les grands bateaux transgressés les coquilles infimes
les trésors piratés les ossements verdis la boîte de
    sardines
la vieille godasse et les carcasses automobiles
Tout s'enlise en douceur dans l'âcre sédiment
pour contribuer ainsi aux espèces fossiles
si quelqu'un les déterre en quelqu'an mégamille

LE NAVIGATEUR SOLITAIRE

Traverser l'océan sur une coque de noix
exploit
purement sportif
il ne s'agit pas de cela

Le navigateur solitaire accompagné parfois par le chant
   des requins
dort sur la mer phosphorescente
tandis que flotte son
espoir

Hors-de l'eau voisine
un poisson volant saute par-dessus le pont
sabrant la lune

Non ce n'est pas de cela qu'il s'agit
purement sportif
l'exploit
de traverser l'océan sur une coque de noix

LE BOUT DU MONDE

Ce sera le soir non d'un non de deux
ce sera le soir de zéro
Lorsque la nouvelle lune obscur l'a tracé
et que le livre se ferme sur lui-même
ce sera le soir non d'un non de deux
ce sera le soir de zéro
lorsque l'encre tarie la plume cassée

nul ne peut plus écrire un mot
seulement s'embarquer sur ce qu'on appelle technique-
    ment un esquif
pour s'esquiver loin des possibles solidifiés
loin des cubes prêts à s'effondrer en poussière
et pour rejoindre au-delà des îles au-delà des conti-
    nents
la porte qui s'ouvre aux navigateurs heureux

LES TEMPS DIFFICILES

Ce peu d'air que sur la poupe
je trouve assoupi   déroute
que la proue ne justifia
pour vider rien que la pompe
Sur le rivage court   un dronte
je ne sais que fit ce juge
comment dis-je en vers lyriques
sortirai-je de ce pétrin
où se mélangent les abaques
            du destin

ESPOIR

Sur l'épine taillée à coups d'orages et d'érosion
l'arbre met son point vert et ses racines pendent
les cailloux roulent pour de futurs galets

Sur l'épaisse nuit des incertitudes la traînée de brume
l'écrit met son point noir et qui luit vaguement
des mots roulent vers de futurs textes

Sur la maladie continuelle des jours coincés
un acte met son point d'espoir on ne sait comment
des gestes roulent vers de futurs bienfaits

assidûment

LA RHÉTORIQUE DES MARÉES

Il ne tarira ru rare en le roc l'été
le rut de ses moutons engendre les galets
ils roulent en rongeant la côte os de calcaire
et renaissent sans fin dans le flot d'eau primaire

Sans rature et mouvant
il mène son poème à bonne fin
sans cesse élaborant son alphabet de pierres
au rythme des marées incurvant sa grammaire

ALPHABET LITHIQUE

Ils tombent dans la nuit proche
les sous de la poche trouée
les cailloux rompus de la roche
que jette la vague renouée

Le roulement poursuit sa route
dans la présente obscurité
l'aumône casse ainsi la croûte
de cette falaise ébréchée

La monnaie dilapidaire
de l'océane charité
fournit par son abécédaire
tous les poèmes retrouvés

Éclat certain pour le vers proche
qui provient de ce mur troué
la pierre naissant de la roche
par ce souvenir est renouée

UN JOLI MOT

Subrécargue qui es-tu?
un mot du dictionnaire?
garderas-tu ton mystère
subrécargue officier
lorsque ce livre me dira
ce que — au juste — tu es
Subrécargue qui es-tu?
Je regarde sub verbo le sens
de vocable maritime
je ne suis pas déçu je sais
car malgré tout garde son charme
le joli mot de subrécargue

L'HOMME DANS LA LUNE

Au fond de la mer des Pluies au fond de l'océan des
    Tempêtes
on retrouve les secondes parties avec le siècle
dans la baie de la Rosée la baie des Arcs-en-Ciel

les sentiments qu'on ne reconnaît pas les ritournelles
oubliées et pourtant qu'on chantait à tue-tête
dans le lac des Songes dans la mer des Crises
les actions manquées les départs qui avortèrent
dans la mer des Humeurs dans la mer des Nuages
les rêves desséchés, les peaux les mues les images
décollées les petits riens les fainéantises
tout cela pêché peut se mettre dans un sac
pour repartir ailleurs un peu plus dégagé

NOM SANS NOM

Que soit cité sur cette page
le nom de l'anse où se mussa
l'enfant qui sortit du collège
avant de s'en aller — là-bas

là-bas où les jours se consument
en longues ruminations
en angoisses us et coutumes
en errances sans raisons

dans le ruisseau qui bientôt s'ouvre
flotte un papier petit radeau
l'œil le suit jusques à la bouche
où s'escamote le bateau

tout cela ne dit pas le nom
de l'anse où s'était réfugié
le voyageur avant de prendre
son élan pour aller — là-bas

LES MARÉES

Les marées reviennent chaque jour
avec les gazettes
leur force allume les réverbères
et les lanternes
elles poussent leurs ardeurs
contre la falaise
elles l'étripent en font des fleurs
minérales à leur aise
elles poussent leurs bataillons
de béliers et de brebis
enfantant les galets rares
et autres débris
ainsi va le monde et la lune
en tourniquant
ainsi va la mer seule et une
montant et baissant

CES MOIS

Ces mois qui d'année en année s'en vont et se dépla-
   cent
l'un repoussant l'autre (pas tout à fait entièrement)
ces mois qui naissent croissent l'un l'autre se rempla-
   cent
mais derrière soi chacun quelques débris laissant
ces mois qui furent miens comment les reconnaîtrai-je
non seulement ils sont morts mais leur visage désormais
   grimaçant
comme boue se déforme ou bien fond comme neige

au milieu de tout ce passé de tous ces incidents
    périssables
furent-ils bons mauvais soutiens ou haïssables
comment le dire puisque tant étrangers tant lointains
    maintenant
sur le fil du temps ils défilent et s'évanouissent fumée
    fumée fumée
que trouverai-je avant que tout soit consumé
par l'œil infatigable du temps

LES FILS DE LÉDA

Des flammes au bout des mâts
des flammes qui ne brûlent pas
flammes au-dessus de la mer
là-bas près du cap d'Antifer
encor d'autres feux qui s'allument
qui jaillissent hors de l'enclume
sautent ainsi pour frivoler
sans cependant rien dévorer
pourtant il est quelque étincelle
que nulle eau rare ou torrentielle
pourrait éteindre ou piétiner
où la chercher? où la trouver?

NOSTALGIE

En plein milieu de la France
que faire un dimanche
que faire un dimanche
sinon penser à la Manche

à ses îles à ses falaises
à ses côtes (certaines anglaises)
à ses bateaux à ses phares
à ses ports à ses amarres
à ses pluies douces et fréquentes
voilà ce qu'on peut faire un dimanche
en plein milieu de la France

VOLONTÉ

Poisson traîné sorti de son eau jeté sur le sable à
    cinquante lieues du bercail marin
sable de rivière sable de poussière sable de misère sable
    de terre
là gisant ne croyant plus penser à l'océan natal d'où si
    misérable extrait
ne pensant qu'à son malheur quotidien ce qu'il faudrait :
    se retourner vers
un peu d'eau douce pour de là si possible rejoindre le sel si
    sensible
et reprendre vie mais ne pensant qu'à son malheur
    quotidien restant là
et cependant et cependant retrouvant où? comment?
    l'humidité nécessaire
pour aller vers d'autres saisons

LE PIÈGE

Gentils coquillages
courant sur les algues
sautant sur le sable

agrippés aux rocs
ou volant peut-être
évitez les plages
où le lourd bipède
recherche avec rage
vos formes parfaites
pour y écouter
le bruit de la mer
si vous êtes là
il vous mangera
pour laisser la place
à un peu d'espace
pour donner le la
du long chant des vagues
gentils coquillages
évitez les plages

BUCCIN

Dans sa coquille vivant
le mollusque ne parlait pas
facilement à l'homme
mort il raconte maintenant
toute la mer à l'oreille de l'enfant
qui s'en étonne
qui s'en étonne

MARÉE BASSE

Songeant au pied de la falaise
lors je regardais à mes pieds

lors j'aperçois une crevette
à quoi me suis identifié
Elle sautillait l'acrobate
comme moi-même composite
le suis en mon for intérieur
Elle cherchait le sable humide
fuyant les régions désertiques
Une mioche avec son filet
qui patatrouillait dans la vase
voulut en faire son souper
mais la crevette avait sauté
vers quelque autre destin sans phase
Si je regarde ma mesure
ainsi le nombre de mes phrases
et leur poids et leur épaisseur
l'assimile à ce que mes pieds
laissaient là comme des empreintes
toisé par la crête crayeuse
qui conserve encor en son sein
tant d'animaux géologiques
privés du charme de danseuse
de la crevette nostalgique

LE POISSON
DES GRANDES PROFONDEURS

Venu de très loin de très bas
d'on ne sait quels abysses
hors de l'eau lorsqu'on le hisse
il se retourne comme un gant
Ne croyez donc pas voir ma face
lorsqu'on me tire à la surface

LES HIPPOCAMPES

Du jeu d'échecs trempé dans l'eau
ni roi ni reine ne surnagent
tours fous et pions dans ce naufrage
vont joindre les dépôts marins
seuls les chevaux racés et fins
se déplacent en toute aisance
dans le neuf élément hydrin
adaptant avec élégance
le bois tourné au sel marin

LE DRAGON DOUX

Un serpent de mer arrive à bon port
il rencontre des journalistes
il leur explique quel est son sort
et pourquoi il se sent si triste
et d'où vient le fait qu'il existe

Au bout de peu de temps on se familiarise
on l'appelle par son petit nom
les femmes veulent lui faire des bises
un chasseur prépare du petit plomb

Quand il parle maintenant on ricane
plus question de lui à la télévision
on lui reproche d'obstruer la porte océane
ce qui amène de nombreuses protestations

Alors il retourne vers sa solitude marine
avant qu'on ne lui fasse un mauvais sort
s'il avait soufflé un peu de feu par les narines
peut-être aurait-il trouvé un plus accueillant port

KRAKEN

L'île surgie on laboura
on y sema on récolta
les femmes eurent des enfants
et les enfants des grands-parents
puis un beau jour tout retourna
dans l'abîme indifférent

La terre sur laquelle j'écris
de qui est-elle le dos?
                    de qui?

HORS DE SON ÉLÉMENT

Clochard nocturne aux yeux taillés
tu te traînes sur les rocs maritimes
laissant laiteuse la trace de ton passage bavé
les eaux noires continuent de rouler leurs airs
toi libre de respirer tu évites
les hommes couchés derrière leurs murailles
en haut de la falaise somnole un douanier
et lorsque la nuit se dissout tu repars
vers le nid d'algues où tu es né

SURVOL D'OCÉAN

Abandonnant la terre ferme
elle s'exile pour quelqu'île
ou quelque autre continent
l'araignée au bout de son fil
au-dessus des mers voyageant
entraînée par le cours des vents

en haut passe un triangle d'oiseaux migrateurs
en bas l'exocet fait l'hirondelle
pour peu de temps

au bout de son fil l'araignée
impassible continue

INDIVIDUALITÉS

Une vague qui se caille le flot baratté
un mouton sous la table un coup de balai
crachats sur le sable voilà le bouquet
punaises des bois êtres affairés
donnent certains types d'individualités

LA MOUETTE ET LE GALET

La mouette s'apprêtait à marcher
sur les galets roulés
elle glissa

pour l'animal jamais d'acte manqué
jamais l'oiseau ne rate un vol

elle glissa mais ses ailes
l'enlevèrent dans les airs
laissant le galet là

avec ce galet-là l'enfant joua
quels ricochets
sur la mer d'enclume?

La mouette se reposa
sur la plage rustique
le galet ne retrouva pas

le galet joue-t-il au poisson
ou bien dort-il au fond?
au fond

SÉPION

Sèche seiche pour la cage
montrant son os à nu
voilà — tourne la page
toute encre a disparu

l'encre n'a pas taché la mer
de l'écrit ne reste plus rien
seul l'ovale calcaire
pour le bec du serin

de l'écrit ne reste plus rien
mais l'océan est-il le même
dans les tracés elzéviriens
qui sait? éléments d'un poème

les vagues bercent l'infime trace
du céphalopode écrivain
tends tes mains et dans cet espace
repousse l'esprit commun

ADIEUX À UN PAYS PLAT

Se retourner pour voir le pays d'où l'on est parti
ne plus le reconnaître ne plus reconnaître les masures
les cheminées d'usines les arbres et les gares
les lumignons le ciel couleur de suie,
ne plus reconnaître ces lieux arpentés
en poursuivant de modestes idées fixes
(tiens je jouerais bien au tiercé, tiens j'achèterais bien un
    billet de loterie
tiens j'irais bien au cinéma tiens je jouerais bien au
    zinzin à un franc la partie)
se retourner pour voir le pays d'où l'on est parti
ne plus le connaître ne plus connaître ces masures
ces cheminées d'usines ces arbres et ces gares
ce ciel couleur de suie ces lumignons
ne plus connaître ce que l'on quitte sans question
le navire l'éloigne et devient uniforme
uniformément plat, ce pays d'où l'on est parti

LE CHARLATAN

Le marchand crie à perdre haleine
vendant du vent vendant du flan
il appelle la clientèle
distributeur d'orviétan
petit malingre charlatan
à perdre haleine criant
sur la place du marché
vendant à des prix fantastiques
c'est-à-dire économiques
le secret des océans
il crie il crie à perdre haleine
on sait que ce n'est pas la peine
qu'il n'y a rien mais rien là-dedans
et pourtant chacun fait le cercle
pour écouter le charlatan
qui, dévissant le couvercle
d'une fiole en vieux carton
fait renifler aux écoutants
une odeur non des marées
mais celle des marais salants

VIGIE URBAINE

Vigie des âmes coagulées
elle ne descend pas du mât
tout ce qu'elle peut regarder
s'offre à sa vue ici et là
Foule marchant d'un pas morose
d'un air joyeux ou d'un train las

elle repère ce qui se dispose
à s'offrir dans tous les cas
Vigie des places bousculées
Vigie des allées surpeuplées
elle distingue dans la vase
la modification des phases

LE BAROMÈTRE

Le liquide dans l'éprouvette
prend des couleurs oscillantes
oh si lente si lente la navigation
qui mène du ber au port
cependant que le temps passe
et que de l'horloge éprouvée
choient les secondes oscillantes

L'HOMME ET LA BOUTEILLE

Descendre d'un trou dans un autre trou
d'un puits dans un autre puits
d'un abîme en un autre abîme
c'est se remémorer des souvenirs anciens
perpétués malgré l'usure des nerfs
et du dernier abîme on ne peut plus tomber
que dans une cave un cellier
où le vin mûrit sous la poussière blanche
en bouteilles à la tête cirée
ce sont ces mêmes bouteilles qui, vidées,
flottent sur l'océan pleines de quelques mots

SEUL AU SOL

Dix heures du soir
le marin seulâtre
traîne dans les rues
d'une ville en plâtre
plus de bordels plus de femmes nues
plus de boissons fortes plus de boissons crues
plus de risques plus de rixes
la cité déserte
n'offre au navigant
que la vaine perte
d'un bout de son temps
mais il traîne et traîne
à travers le port
voici le navire
il hésite encor
prend sa décision
et il dit adieu
au jeu de piéton

JUDO

D'abord un accord complet
une entente tacite
Au début tout va comme sur des roulettes
la mer douce et satinée
la proue la quille la poupe taillent dedans
et la mer ne dit rien
refermant sa plaie blanchâtre
derrière le navire allant

mais un jour tout se fâche
voilà le ciel qui s'assombrit
la pluie pisse comme vache
et la vague se divertit
C'est alors que le navire
fait appel à son judo
il lutte il ruse avec finesse
devant ces masses d'eau
il attend la vague avec calme
il se laisse porter
la mer veut l'envoyer dinguer
il dingue mais n'a pas sombré
il esquive les gnons les taloches
lors même des marées d'équinoxe
on lui prend le mât il le casse
comme un lézard sa queue prise
puis il s'en va plus loin
loin de l'orage loin du grain
c'est ainsi qu'après ces épreuves
il entre au port sain et sauvé

L'AIR, LA TERRE ET L'ÉTHER

Fendre le flot de mes paroles
d'un coup d'abreuvoir solidement appliqué
Baratter ma propre salive
d'une langue assoiffée
Presser la mer des histoires
dans un filet finement tressé
actes, actes méritoires
qui mènent au feu sacré

PROJET

Négliger toute modestie
bien examiner le champ noir
étrangler toute inertie
bien sasser les fonds de baignoire
trouver à tout quelque sursis
étaler les champs d'épandage
ne pas tracasser tous oublis
escamoter les commérages
recouvrir d'un pot les soucis
observer tous les paradigmes
ne pas se soucier des paris
peut-être résoudre l'énigme

LES ÎLES FORTUNÉES

Départ alarmant
calmes plats ou tempêtes naufrages et parfois
les îles fortunées

rarement
les îles fortunées

SI C'ÉTAIT FACILE

S'il était simple de tenir une goutte d'eau dans le fond de
    la main
de la laisser rouler dans la paume de ligne en ligne
comme elle allait dans l'océan de vague en vague

sphère irisée monde complet
mais la bulle étale son eau salée
que faire?

L'OUÏE FINE

Les poissons parlent quel charivari
on ouvre les ouïes pour entendre
leurs discours océaniens
on n'entend rien
il faut avoir l'oreille maritime
pour percevoir ce que ces vertébrés expriment
sinon l'on n'entend rien
que le cri des mouettes
la sirène d'un navire le ressac
et les galets roulés

IMPASSIBILITÉ

On urine dans la vase
on crache sur le sable
on excrète à marée basse
autant en emporte la mer

LA MER DES SARGASSES

Corde tendue corde mouillée
rupture interne échevelée
tiraillerie par quoi provoquée?
oubli du début de l'année

optant pour la marche indécise
imitant la foule déprise

peste gagnée peste surprise
simagrée du bonheur
amertume d'erreur

AQUA SIMPLEX

L'eau plus douce que coutume
a le goût bien sec du vin pur
que l'absence d'alcool parfume
élastique comme le fruit mûr
dépourvue de toute amertume
claire au passé présent futur
condensation de la brume
lucide nette ainsi qu'azur
un peu plus dense que l'écume
se sale soudain pour les larmes

ACCALMIE

Parfois l'eau de mer semble douce au goût
l'accalmie arase de ses deux ailes les crêtes
les dauphins dansent doucement et la baleine
ne voit aucun assassin à l'horizon
les monstres dorment dans les antres L'orage
s'est dispersé parmi leurs rêves inégaux
parti peut-être pour toujours son absence
efface les crayures de l'atmosphère
Ce n'est qu'un moment à passer : il faut alors
déguster l'eau de mer qui semble douce au goût

BOIS FLOTTÉS

Pour, auprès des eaux
stagnantes mais un peu soulevées
tendues par les marées,
ne pas briser les
branches au-dessus des canaux
assimilés il faut découvrir
lucidement quelque gravure
xylographie éventuelle

ordonner les traits du hasard
dominer les coupures
abraser après l'érosion
chercher enfin la forme éprouvée

objet abandonné à lui-même
statuette sans autre raison d'être que d'être

LE ZODIAQUE

Le bélier fait tort aux jumeaux
cancre il rugit pour la pucelle
il oscille articule sa flèche
le cabri dans l'eau s'écaille

LE PASSAGER

Où est l'abri où est l'anse
où la crique ou bien le port
tout valse tout rue et tout danse
où donc dérive le transport
vers des côtes décharnées
vers des rochers fleurs des eaux
vers des alluvions entassées
vers des brisants vers des écueils
sur la mer plus d'un bateau
dérive vers un sol lugubre
et la terre aux tièdes accueils
le nôtre est-il moins insalubre
malgré l'effort des matelots?
quant au passager seul, unique
il regarde tout ce tragique
d'un œil assez indifférent
toujours subsiste sur la grève
les éléments d'un simple rêve
pour un mort ou pour un vivant

QUEL EST TON NOM?

Quel est ton nom?
— Mon nom est naufrage
mon nom découpe l'horizon
seul, seul un mât surnage
survivrai-je à cet orphéon?
l'ouragan étend ses trompettes
la mer multiplie ses trempettes

survivrai-je à ce rigodon?
tout se fait puis tout se calme
la constance me tend sa palme
merci! encore un effort
pour trouver quelque dictame
dans la perspective d'un port

LE BEAU VOYAGE ÉDUCATIF

Ils montent bavardant sur cette caravelle
au bastingage d'or massif
au pavillon de soie, aux voiles de dentelle
joyeuse se balançant sur un air apéritif

On embarque et l'on chante et l'on quitte le port
la mer est faite d'huile les vagues de citronnelle
les poissons chantent un hymne à bâbord et tribord
une douce brise et pas un nuage au ciel

Lorsque la nuit vient un petit coup de pouce
plonge la nau françoise au fond de l'océan
les navigateurs se retrouvent à cheval sur des poutres
à la surface de l'eau comme bouchons dansant

Ils reviendront un jour tous sains et saufs au port
un peu mouillés un peu humides le cheveu qui ruisselle
contents un peu pas trop de leur étrange sort
cherchant à en saisir la portée spirituelle

DESCRIPTION D'UN ORAGE

Un grain de lumière pousse à l'horizon
entre deux nuages peints au goudron
le vaisseau tangue et tangue et roule
les mâts et les cheminées croulent
la pince des ouragans
saisit le ventre des grands
transatlantiques qui gémissent
et qui se plaignent et frémissent
Un grain de lumière pousse à l'horizon
il devient une petite pièce d'un centime
et les nuages de goudron
s'écartent en une lutte ultime
le vaisseau tangue et tangue et roule
cependant ce n'est plus que houle
l'étain cuivré des tempêtes
ouvre sa bade centripète
et le grand vaisseau transbordeur
continue sa marche émigrante
issu d'un grain de lumière ardente
un soleil a dissous la peur

UN PETIT THÉÂTRE

Tous les remords tous les regrets
qui coulent du vinaigrier
quelle salade quelle salade
un albatros désemparé
tente vainement de marcher
quelle panade quelle panade

les jours roulent acidifiés
par les remords par les regrets
    et sur l'estrade
les acteurs continuent à jouer
conformément à leur livret
en débobinant leurs tirades
    fanées

LE CŒUR MARIN

Regrets perdus dans la marée
crêtes abîmées par le vent
ceux-là sans cesse ramenés
et celles-ci disparaissant
nul effluve nulle rosée
ne vient calmer le palpitant
la vague verte abandonnée
s'abat perpétuellement
tandis que chaque jour rapporte
tous ces regrets devant la porte

MURS MUSTERNÉS

Dans la brume le nuage
l'eau toute désorientée
s'accroche aux vitrages
des fenêtres qui béent

attendre ainsi oublier
la fermeture opportune
c'est ensemencer le pied
portant la face de la lune

l'humide suinte au long des murs
où naît lente une peinture
champignons lichens moisissures
puissants comme baobabs

une activité balayeuse
détruit cette végétation
qui repoussera de plus belle
le weather est intermittent
qu'on ouvre ou ferme la fenêtre
il y aura toujours le temps

CETTE ODEUR

L'épicier vend de la morue
il y en a plein un baquet
qu'il exhibe sur le trottoir dans la rue
et pourtant cela sent bien mauvais

On ne voit pas du tout comment c'est fait une vraie
morue
quel rapport avec les morceaux vendus par le mar-
chand
on le voit encore moins lorsque c'est de la bran-
dade que l'on a sous la vue

On dit que c'est un poisson et qu'il fut pêché
au large et même plus qu'au large très loin au milieu de
l'océan
il faut pour cela un bateau spécial qu'on appelle un
morutier

moi je pense à cette morue bébé
elle devait avoir des tas de sœurs et de frères que leur
 mère gentiment élevait
et maintenant c'est cette odeur que vend sans dégoût un
 marchand

CORPS D'EAU SAGE

Un corps d'eau sage
et puis lentement
le pacage
de moutons blancs
un peu d'orage
intermittent
un peu de vent
tournant les pages
des nuages
un corps d'eau sage
abandonnant
la haute mer
vient sur la plage
se dissiper
laissant le sable
un peu mouillé
oh! corps d'eau sage
dans quelle idée
es-tu monté
te réfugier
loin du pacage
des moutons blancs
que caresse l'orage
d'un doigt intermittent

INQUIÉTUDE

Les marins d'autrefois n'avaient pas peur des voiles et
    grimpaient avec agilité
on a toujours lavé les ponts et la cambuse soigné
puis les nautes noircirent en devenant soutiers
et les nefs enfumaient les ports de leur respiration
souvent représentée par une touffe de crasseux coton
voyez ce pétrolier géant dix hommes dix officiers dix
    cuisiniers
un ordinateur suffisent à le faire glisser
des puits aux raffineries
avec agilité

AU MOIS D'AOÛT,
LE SERPENT DE MER

Voguer dans les airs, nager sous les vagues
regarder au-dessous de ses palmes
l'herbe marine la cime indéterminée des algues
plaisir de rêve sans masque
descendre dans la pureté des eaux où grave
un serpent se déplace
comme une montagne
absolue netteté fluide et pourtant tout réel

on remonte lentement

DISPARITIONS

Le chaufournier sur les plateaux crayeux
efface les souvenirs misérables
en les poussant dans la substance vive
de sa pelle humble mais impitoyable
Qui passera par ici après lui
retrouvera dans le chaudron intact
quelques débris de ronces irascibles
ossements secs de ces anciens désirs

L'EXCENTRIQUE

Quel fou court tout nu aux dunes
non baigneur mais un grand fou
il court où luit au loin la lune
pour en attraper un bon coup
trouver trace de l'infortune
tremblante tout au fond d'un trou
et gagner mémoire opportune
de ce qui frappa non peu mais prou
revêtu de la lueur dianaire
il peut enfin fuir s'évader
et courir vers le fond des terres
où la nue est tout égarée
et disparaît dans la soupente
de sa vile vie en pente

ICI COMME LÀ

Un arpent d'eau douce ne suffit pas à ma soif
ce sont des océans qu'il faudrait consommer
en fait on se noie dans un simple crachat
celui que contre le vent on a voulu lancer

on ne se noiera pas mais le crachat existe
la glaire expectorée existe comme nous
a-t-elle aussi là-bas son idée platoniste
on ne se noiera pas on pose la question

un journal d'eau douce ne suffit pas à ma soif
est-ce une superficie qu'un beau jour j'atteindrai?
je naviguerai pour cette immense course
mais du simple crachat l'être transposerai

ESCALE

Quand le port estompé dessine son visage
les marins appellent les passagers
la lunette à la main on épie le rivage
qu'est-ce qui nous attend quand on va être arrivé?

Le pilote monte à bord du navire
les douaniers surveillent le débarquement
on quittera le bateau pour le mieux ou le pire
et faire la connaissance d'un nouveau continent

les émigrants regardent leur future patrie
les touristes souhaitent vivement se promener

quelques voyageurs sérieux viennent pour encourager
l'industrie
les marins tout simplement vont recommencer

DANS LA TEMPÊTE

L'océan agite ses chiffres
et remue ses déménagements
une algèbre offre ses affres
des moutons de soutènement
opèrent à vif dans la vague
trouble dans le vert encrier
— tiens la pluie se met à tomber —
du haut en bas c'est le vacarme
où se traîne obstinément
un voilier perdu de gréement
qui ne sait sous quel ombrage
il peut bien poursuivre sa nage
et pourtant impunément
il atteindra de l'océan
     l'autre rivage

MARÉE BASSE

Les cavales fingardes refusent le goût de la craie
elles ne parlent pas avec des galets dans la bouche
leur bave a humecté le sable dénombrable
Après le départ hippin les talitres paraîtront
pour danser librement une gigue morine
sans craindre les pas de l'homme qui furent effacés

PLUIE DE NUIT

Assoupis s'étendent les grands filaments
des nuages cirrus annonçant la pluie
le soleil s'enfonce au loin en gémissant
provisoire noyé victime de la nuit
et lorsque tout s'éteint sauf la ville qui luit
alors tout doucement tombe la prévue pluie
qui pour être prévue n'en est pas moins humide
Quand sortira de l'est le globe nocticide
les filaments cirrus auront tous disparu

L'IODE NATIF

Cendres violettes du varech
odeur de la naissance
peinte sur la grève

asseyons-nous un moment
on ne voit pas plus loin que l'horizon
tout se cache derrière soi
allons!

ces cendres réconfortent
le passant douloureux le long des mers mortes

qu'il reprenne joie
lorsque avance la vague
                    dominée
comme est la grève abandonnée
avec cette odeur

DESTINS DE GALETS

Le galet ne naquit point galet mais caillou
né caillou le galet roule ensuite sa bosse
infime devenu il poudroie sur la plage
à moins que décoré d'un petit bateau peint
il se survive et dorme en pressant quelques pages

JOURS DE PLANCHE

L'étrave ayant fendu la brume
un vaisseau vainqueur du brouillard
transporteur de blés ou d'agrumes
arrivant enfin dans le port

débarque sur le quai morose
des marins tout emmitouflés
ils parlent doucement en prose
leur haleine fait de la buée

ils s'en iront vers les bordels
c'est là qu'ils pourront consommer
de la bière ou des coquetèles
ou leur libido soulager

puis ils erreront dans la brume
fendant de leur nez le brouillard
on crache on chique et l'autre fume
ils ont tous un peu le cafard

le navire attend qu'ils reviennent
en se balançant doucement
pour qu'à bord chacun se souvienne
de cette escale incidemment

la mer reprendra sa chanson
penchés le long du bastingage
très calmes ils écouteront
l'océanique et sûr langage

jusqu'à ce qu'un jour de printemps
ils arrivent au port ultime
où disparaissent les tourments
d'une existence maritime

RÉSIPISCENCE

Fiel en pluie tombant sur la ville
   où le chagrin hurla
ombre que la nuit ourla
n'y a-t-il plus de sentence?
Vers ce qui point rouge blanc vert
aube d'un jour neuf découverte
assiste ma résipiscence

LA DRACHE

Le flot montant amène une drache inconnue
d'où viennent d'où viennent ces débris mouvants
j'y reconnais les trous de ma mémoire perdue
les morceaux musternés de souvenirs latents

un peu de mon histoire beaucoup de mes angoisses
rêves intermittents petits espoirs brisés
des siestes fragmentées des lambeaux de paresse
des gestes dessaisis des mouvements cassés
tout cela se dépose en geignant sur la grève
et tandis que la mer retourne en ses cavernes
le soleil et la pluie triturent les épaves
pour effacer enfin les rebuts taciturnes

LA VUE

Dans l'océan du microscope on voit des êtres étonnants
on voit des géants et des nains, des villes et des combats
on voit des nœuds et des crochets, des bâtonnets et des vrilles
on voit marcher de la piétaille, naviguer de petits ronds

Penché sur le bastingage, le passager regarde la surface de l'océan
dans laquelle il y a des géants et des nains, des villes et des combats
des nœuds et des crochets, des bâtonnets et des vrilles
de la piétaille et des petits ronds, mais il ne voit rien
pour le moment que le clapotis de la houle en attendant
des lames plus hautes qui ne révéleront pas à la vue
les petits ronds la piétaille et les vrilles
les bâtonnets les crochets les nœuds et les villes
les combats de nains, les combats de géants

LE DÉLUGE

La pluie qui tombe ensemence la rivière
qui s'enfle accouchant d'une crue
la pluie qui tombe ensemence la crue
qui se gonfle et couvre l'horizon
la pluie qui tombe ensemence l'horizon
il pousse au-dessus des montagnes
une végétation de vagues sévères
l'horizon fond il ne reste que l'eau

L'EAU DU PORT

Entre le navire et le quai
gît de la nuit
gît de la nuit
entre le navire et le quai
bouts de casiers peaux de banane
se baladent et se baladent
entre le navire et le quai
gisent aussi quelques crachats
des mégots des morts cancrelats
des chaussettes des vieux souliers
entre le navire et le quai
remue vaguement une eau morte
qui sourde sourdement tremblote
déplaçant au cœur des ténèbres
tous les débris et les déchets
de l'océan première approche
des hublots faut regarder ça
en attendant que l'on s'en aille

survolés de mouettes qui piaillent
vers un horizon purifié
la mer ayant tout dévoré

PAYS MORIN

Qu'importe à l'herbe salée le goût du mouton sur le
sable
Elle regarde à l'équinoxe les gens qui courent de façon
inévitable
lorsque la marée à cheval amène à fond de train ses
bataillons
Elle pousse en dehors de ce temps de façon inéluctable
jusqu'à devenir de ces bêtes la savoureuse alimentation
Au loin, des îles semblent végéter de manière à peu près
imperturbable
Qui est l'herbe? le mouton? la marée? la nourriture?
l'isolation?

LE COUP DE TRAFALGAR

Des vaisseaux sont rangés en ordre de bataille
on tire des boulets qui déchirent les mâts
poupes et proues se heurtent et les bastingages
des blessés et des morts gisent en haut en bas
certains tombent à l'eau et d'autres dans la mer
qui donc sera vainqueur? est-ce là notre vie?
allant de ci de là l'être éperdu hagard
s'il ne sait se trouver peut se trouver épars

VAINE AMBITION

Il écrit sur la mer calmée
avec de l'encre de Chine
l'Océan soudain secoue son échine
et la gamme des vagues efface le texte à peine
ébauché

SE LIBÉRER

Chaînes roulées chaînes connues
la bave les blanchit
mais il est des liens inconnus
opérant sans bruit

Du haut des falaises désertes
l'homme écoute ces ferrailles
mais rarement il discerne
l'emprise muette des algues

S'il entendait mieux cependant
ce que raconte la tempête
il apprendrait de l'océan
quelle longe il porte en sa tête

ALLER CHERCHER
AU FOND DES MERS...

Aller chercher au fond des mers les trésors piratés
aller chercher au fond des mers les perles noires
    immenses
aller chercher au fond des mers les algues enrichissan-
    tes
aller chercher au fond des mers les coquillages contour-
    nés

aller chercher au fond des mers les rares substances
aller chercher au fond des mers les poussières
    balayées
aller chercher au fond des mers les feuilles volantes
aller chercher au fond des mers l'eau des fleuves
    asséchés

aller chercher au fond des mers les raretés lyriques
aller chercher au fond des mers les mots hyperboliques
aller chercher au fond des mers les débris des saisons

aller chercher au fond des mers les monstres épiques
aller chercher au fond des mers les secrets clastiques
c'est ce qu'on peut faire en vain ou bien avec raison

MARÉE DE SOLSTICE

Le dieu prend dans ses mains le faix d'algues trémières
il en cerne le mur des falaises en feu
il apporte du large une botte fermière
de blé de seigle et d'orge amassés en haut lieu

Serpents du noir calcaire les végétaux absorbent
la substance entamée où se résout le sol
Enflammés sur la plage épis et paille assument
le rôle des danseurs pour signifier la mort

Rien n'est plus le long d'eau rien n'est plus le long
　　d'air
Plus ne sonne le roc où se brisait la mer
Violettes en bouquet narcisses en guirlandes

ont remplacé le phare où se situait l'amer
Tout se compose alors selon l'ordre d'hiver
et la fleur disparaît faisant place à la lande

L'INVITATION AU VOYAGE

Voyager dans les airs voyager dans les astres
ou bien rester chez soi ainsi qu'un soliveau
voilà c'est le dilemme ou bien c'est un désastre
on dit il faut bouger ou devenir idiot

« Voyager simplement alors autour du monde
si vous craignez d'errer dans l'espace au-dessus
voyagez en Afrique en Asie en Irlande
vous serez satisfait et vous aurez vécu »

Ces conseils indécents me laissent bien perplexe
où dans tout ça pourrais-je retrouver mon axe?
si l'on me fait tourner comme un simple toton

Je ne suis pas bien sûr que cette agitation
me permette d'aller bien plus loin que Bléville
que l'on confond parfois avec l'Eure ou Graville

L'AMER

Mais qui donc a perçu le feu de la chandelle?
Phallus elle scintille au bout du boulevard
pain de sucre elle fond inutile allumelle
une dame a posé son doigt là — par hasard

Le phare son voisin avec sa ritournelle
commence son travail lorsque surgit le soir
alors elle repose immobile et ponctuelle
blanchâtre s'endormant tranquille reposoir

Sur la mer naviguant on cherche quelque amer
que plantent les terriens çà et là sur la terre
bien souvent inconscients de ce qu'ils ont pu faire

Cependant il en est beaucoup plus narcissiques
qui visent la conduite au sortir de leur ber
des vaisseaux recherchant une image magique

LA VICTOIRE

En roulant les tambours d'une tempête abstraite
l'Océan déglingué sécrète du coton
le gardien des deux tours branche ses lumignons
il se penche distrait sur la fureur concrète

Les bateaux qui parquaient au large de ces faîtes
s'approchent prudemment des rochers de savon
tous leurs mâts pavoisés annonçaient quelque fête
ils s'envolent parfois tordus par l'aquilon

Le gardien a bourré sa pipe de tabac
puis il va s'allonger, rêveur, dans son hamac
cependant que la lutte appelle la victoire

Lacérés balafrés en un bien triste état
les bateaux survivants d'où fuirent tous les rats
se reposent enfin dans le calme du soir

CASSURE ET PERSÉVÉRANCE

Il faudra réparer la pente instrumentielle
qui longe la falaise et qui s'est écroulée
j'y promène accablé l'angoisse démentielle
qui me saisit le jour et qui s'est exaltée

Un rien un souffle a fait s'ébranler la poussière
du chemin qui menait de la base au sommet
il faudra réparer la pente justicière
qui sur mon dernier pas a voulu se couper

Les cailloux qui roulaient sous la marche indécise
s'écroulent en fracas comme une phrase incise
dans un discours calmé par un sommeil obscur

Allons c'est le réveil il faut de la rature
ressouder les deux bords en la seule nature
d'un voyage obstiné vers un azur plus pur

PYROTECHNIE PORTUAIRE

Ains ne serons-nous pas déroutés par l'amer
ce qui court dans les rues c'est un vent de bronchite
on accepte le cours des ruisseaux vers la mer
on entend avec peine un rythme parasite

nous étions toujours prêts et de même parés
nous avions traversé des plaines d'algues rouges
et puis nous arrivons jusqu'au bord de ce quai
où dorment les marins : pas un bateau ne bouge

Puis ce fut un spectacle artifice en la nuit
et borgnes les maisons tournaient enfin la page
et tout s'illuminait jusques au fond du puits

quelques larmes versées quelques pleurs sur la plage
aux ténèbres rendront l'espérance du jour
qui dort en attendant que revienne son tour

L'AIR DE LA MER

Quel être jette ainsi son haleine fétide
on croyait respirer voilà que cette odeur
s'enfle emplissant l'azur de son gaz homicide
répandant en tout lieu son immense puanteur

Quel monde peut ainsi congestionner les plaines
sur la terre et dans l'eau déversant son venin
éteignoir des parfums massacrant la verveine
la rose l'origan l'encens et le benjoin

Lorsque l'on aperçoit ces ombres méphitiques
qui viennent menacer l'air pur atmosphérique
que faire sinon fuir vers les larges lointains

et marcher d'un bon pas vers les rives humides
où les sels bienfaiteurs d'abord un peu timides
finissent par briser le monde du purin

MES ANCÊTRES

Il y a quelque chose de pourri dans le royaume de
    Danemark
c'est une chose qui se dit et je la répète asteure
pourtant je n'y suis pas allé voir et ma barque
ne m'a pas emmené du côté d'Elseneur

Mes ancêtres pourtant (du moins je peux le supposer)
sont venus de là-bas en se disant des vikings
ils n'avaient pas alors la prétention de philosopher
pour venger avec indécision la mort d'un vieux king

Lorsqu'ils vinrent s'établir sur les bords de l'Epte
ils ne cherchaient pas à voir un chameau dans les
    nuages
ils ne pensaient qu'à ravager la Neustrie de façon
    inepte

entre eux et moi se dresse la figure du fameux Hamlet
qui finit par tuer tragiquement un certain nombre de
    personnages
il faut casser des œufs pour faire une omelette

LA VOIE DU SILENCE

Il ne faut pas siffler entre ses dents la nuit
on risque d'attirer à soi une sirène
voilà un fait divers qui en ferait du bruit
il vaut bien mieux se taire et tenir son haleine

en longeant le rivage au bas de la falaise
il ne faut pas non plus proférer quelque cri
on risque d'attirer à soi la terre glaise
s'écroulant du sommet entraînant les débris

de quelque château fort en sa période ultime
il ne faut pas non plus en ce lieu maritime
imiter de la bouée un triste beuglement

on risque d'attirer à soi l'infirmerie
et de se voir jeter dans un puits de folie
il vaut bien mieux mugir silencieusement

NAVIGATEUR SOLITAIRE

Les pieds dans les copeaux l'artisan fait la planche
il se laisse porter par la lourdeur de l'eau
il a pris soin de mettre un gilet bien étanche
pour ne pas disparaître et couler corps et os

C'est ainsi qu'il dérive au milieu de la Manche
en regardant le ciel d'un regard chemineau
parfois d'une main sûre il écarte une branche
d'algue proliférant en l'humide berceau

Parfois à son côté passe un transatlantique
tout prêt à l'accueillir c'est lui qui ne veut pas
il préfère sa course à l'humeur touristique

parfois à son côté un iceberg tragique
pourrait bien l'emporter jusques à Wabana
mais lui tout ce qu'il souhaite est gagner Reykjavik

LA SIRÈNE ÉLIMINABLE

Je ne sais qui chantonne à l'ombre du balcon
c'est un chant de sirène ou bien de vieux croûton
il faudra que j'y aille afin de voir si je
me suis trompé ou bien si j'ai mis dans le mille

si c'est un vieux croûton je le pousse du pied
doucement dans le ruisseau pour qu'il vogue et qu'il
aille vers la mer où il sera libéré
des balais éboueux des tracas de la ville

si c'est une sirène alors serai surpris
je lui dirai madame un tel chant m'exaspère
vous avez une voix qui ne me charme guère

elle me répond : monsieur j'ai eu un prix
au conservatoire autrefois dans ma jeunesse
donnez au moins l'aumône au titre de noblesse

LE VOYAGE AU LONG COURS

Je me suis embarqué sur un trois-mâts voilier
afin de voir de près ce qu'est un antipode
au-dessus de ma tête affermir mes deux pieds
ce qui me prouverait que la terre est bien ronde

nous sommes partis pour de nombreuses semaines
emportant avec nous de quoi boire et manger
pendant ce bien long temps aucune escale humaine
à nos yeux ne devait jamais se présenter

j'espérais vaguement notre planète plate
et qu'on ne pourrait plus avancer à moins de
tomber en quelque abîme ainsi qu'une savate

mais non nous arrivons au bout de ce chemin
le ciel était toujours au-dessus de nos têtes
et nos pieds se posaient sur sol océanien

LES MÉMORABLES MÉPRISÉS

Tout ce qui traîne sur le sable sont des souvenirs de ma
    vie
souvenirs peu remémorables abandonnés par incurie
souvenirs peu félicitables abandonnés par vergognerie
souvenirs peu honorables abandonnés par raffinerie
souvenirs peu compensables abandonnés par maussaderie
tout ce qui traîne sur le sable sont des souvenirs de ma
    vie

j'en ai d'autres qui surnagent et j'en ai d'autres en
    plongée
de ma mémoire controversable je nettoie les coordon-
    nées

CAPITAINE DE PORT

La sécrétion blanche
de l'écume de mer
flotte entre les dents
du loup qui s'endort
sur le petit banc
tout au fond du port
est-ce toi grand-père?
est-ce toi tonton?
la navigation
tourne tourne en rond
dans la fumée grasse
on marche au charbon
et puis on s'arrête
au seuil du poème
qui l'écrira donc?
est-ce toi grand-père?
tu sais des chansons
j'ignore les airs
mais tu es parti
et ta place vide
se chauffe au soleil
le poème écrit
se termine ici

LE LIVRE DE BORD

La reine Victoria donna
des jumelles à mon grand-père
pour avoir sauvé un marin
que voulait noyer la tempête
un marin anglais bien sûr sinon
que viendrait faire là
la reine Victoria

Le vaisseau s'appelait l'Arabie
il allait à la Chine
il restait trois ans (au moins) parti
souvenirs de porcelaine

Hommes et femmes au Japon
se baignaient nus ensemble
est-ce un récit de voyageur?
Les grands livres noirs de bord
ont disparu je ne sais quand
mais les jumelles toujours présentes
permettent de voir quoi?
de voir quoi?

CIMETIÈRE MARIN

Sur la tombe du marin capitaine
pleure au long cours cet enfant
la tante la mère hilares à quoi bon
les mers de Chine du Japon une larme

au marin capitaine au naufrage
dans le cimetière d'où l'on voit
la mer là-bas plate au loin

LE VIEIL HOMME ET L'ENFANT

Il vient d'ailleurs où ira-t-il
sur son bateau de forme fixe
ou ce bateau se dissolvant
une autre arche pilotera-t-il
au cours des ans au cours des ans
il est pareil et non le même
voici le vieillard et l'enfant

JEUX HUMIDES

Les fleurs japonaises s'épanouissent modeste féerie
tandis que sur la peau prennent les décalcomanies
un poisson se recourbe dans le creux de la main
une forêt de mousse couvre une tranche de pain
pas la peine d'aller traîner ses pieds dans le ruisseau
on trouve à domicile ces candides jeux d'eau

LES PETITS BATEAUX

Sous la lampe première
se dessine un bateau
le commis voyageur
lui veut mettre un zéro

il revient d'Éthiopie
(non ce n'est pas Rimbaud)
il vend de la sparterie
des fleurs et des oiseaux
c'est un dessinateur
calé pour les bateaux
mais bateaux sans saveur
sombrant au fil de l'eau
Lorsque la nuit éteint
le bec du chalumeau
dans l'ombre alors dérivent
bien plus beaux bien plus beaux
les déglingués navires
tracés par le marmot
ils entrent dans le rêve
pour n'en plus ressortir
et puis tout disparaît
dans l'o du souvenir

LA BROUETTE

Commères de tout ce qui se passe au large les mouettes
crient papa maman au-dessus du bastingage
elles dansent dans le ciel pour accompagner la brouette
qui navigue non loin du port avec roulis et tangage

Une brouette que vient faire une brouette sur ce
    papier
a-t-on jamais vu brouette chevaucher les vagues mari-
    times
et pourtant elle apparaît au bout du crayon conté
qui la dessine sur les eaux avec une obstination enfan-
    tine

Qu'est-ce que cela veut dire A coup sûr cette énigme
réclame un sens profond au poète étonné
s'envolant comme mouette au-dessus des paradigmes
il n'en pousse pas moins la brouette rimée

L'AUBE INDUSTRIELLE

L'aube n'a pas lieu du côté maritime
Derrière la gare où niche le coq du réveil
l'aube apporte toujours un glacis de charbon
le soleil ne se couche pas vers les entrepôts et les docks
il préfère la courbe magistrale de l'horizon
verte ou bleue et parfois violette ou même noire

L'EXPÉRIENCE

Cordes cordages cordeaux ficelles
ce n'est pas une ficelle qui attache le remorqueur
mais un filin d'acier useur de granit
sous le remorqueur des forces s'agitent
et le filin sort de son enclavure
la main écorchée un simple curieux
retourne à la ville un peu plus marin
il faut ce qu'il faut en pays morin

JEUX POSSIBLES MAIS NON RÉELS

Dans un seau percé l'enfant piège l'eau
        puis il court vite
il parvient ainsi à en transporter un peu
        pour maçonner une guérite
le sable plus tard sec s'écroule le château
        ce n'est point chose fortuite
et de toute façon la marée montante l'effacera
        comme la gomme chose écrite
cet enfant n'est pas vraiment cet enfant
        le contraire il suscite
il ne joue pas sur la plage où d'ailleurs il n'y a pas de
    sable
        mais le galet qui se délite
il se promène sur la digue ou sur le boulevard
        que l'on dit marit-
            ime

LES TROIS RÈGNES

J'essaie j'essaie de comprendre
le sort fait à l'animal
le végétal que l'on débranche
le caillou crissant sous la roue
et l'air qui siffle et qui souffre
lorsque la pierre le traverse
j'essaie j'essaie de comprendre
les mouches meurent par milliers
et puis qu'est-ce que le coït
et le rut et la floraison

et le fruit jetant sa pulpe
pour se retrouver noyau
j'essaie j'essaie de comprendre
et je trempe mes doigts dans l'encre

LE PREMIER VOYAGE

Un petit bateau traverse l'estuaire
ce n'est pas de la navigation cela
c'est tout au plus digne de la marine suisse
et pourtant des dames ont le mal de mer

Un petit voyage on dit excursion
le soir le bateau revient à son port
d'attache et sa roue fait bouillir
l'eau des bassins presque morte

Un jour passeras-tu quelque tropique
un jour fêteras-tu l'équateur
le petit bateau t'emporte modique
ce n'est qu'un début — du moins sauf erreur

Quelle impression ce petit voyage
en petit bateau vous a fait
répondre comme il est d'usage
qu'on se déclare satisfait

Pour l'enfant sorti de ses langes
et d'un arrière-magasin
cette prime démarche étrange
mêle la nage aux roues d'un train

il entend demander encore
si les petits bateaux ont des jambes
tout doucement il s'endort
sur cette première expérience

LA COLLECTION

On va sur la plage
voir le rayon vert
l'émeraude image
grâce à Jules Verne

on va dans la falaise
chercher des fossiles
surtout des ammonites
pour la société linnéenne

on va dans la forêt
cueillir le champignon
dangereuse bestiole
toujours pour la linnéenne

on va près du fort
regarder Constantinople
en un peu moins beau dit-on
on entend au loin le canon

on va dans le port
les vrais bois de campêche
dorment sur les quais
lingots d'antimoine

recherche de vues
recherche d'objets
l'enfant fait l'enfant
fait des collections

et les tickets de tramway
n'oublions

LA MOULE DE L'ESTUAIRE

Collée aux pilotis sapeur sachant saper
se balançant aux sons de l'orchestre tsigane
la bestiole paisible aime la société
les remous de la mer et le contact des algues
et la caresse des vagues inextinguibles
elle dort bien tranquille étant incomestible
longtemps longtemps longtemps elle pourra bercer
sa placide nature aux flonflons des violons

PORT-AVIATION

S'accommodant de ces nuages
quelque chose s'est envolé
prairie plate comme une image
carte postale de satin
timbres à devenir rare
à quoi bon payer l'entrée
si possible voir de loin ces objets voler

à la fin tu es las de ce monde nouveau
tu mets sous ton bras des livres anciens

UN RUDE HIVER

Livre relié de rouge où la mer des histoires
fait rouler têtes et mains sous les flots conquérants
chaque soir il est lu avant que dans le noir
s'enroulent à nouveau les bobines du film
Extrait de maints tombeaux fleurit l'hiéroglyphe
qu'on voudrait déchiffrer sur les monts asianiques
et puis en voici d'autres qui eux présentent des clous
vient enfin le dénoueur dispersant les satrapes
à grands coups d'alphabet armé d'un oméga
Triste enfant triste enfant aux doigts gercés de froid
triste enfant triste enfant caressé d'engelures
les mains dans des gants oints de quelque cérat
(tu veux ta canne et ton chapeau?)
l'enfant n'a pas appris le moindre syllabaire

L'ENFANT QUI GRANDIT

Le berceau vogue sur des algues
dont on fait de la salade
c'est la première amertume
Dans la soute à charbon
il y a des chapeaux ronds
et par les hublots l'on voit
des loups sur la mer aux abois
Le dimanche arrive au port
le petit navire qui dort
les cloches sonnent le voilà
mis dans son habit de gala

demain quand il repartira
le berceau sera devenu
une barque avec tapecul

L'AVENTURE

Les trois-mâts qui se balancent
dans ce grand port de la Manche
n'emporteront pas l'écolier
vers les îles des boucaniers

jamais jamais jamais
il n'eut l'idée de se glisser
à bord du trois-mâts qui s'élance
vers le golfe du Mexique

il le suit sur la carte
qui bellement se déplace
avalant les longitudes
vers Galveston ou Tampico

Il a le goût de l'aventure
l'écolier qui sait regarder
de si beaux bateaux naviguer

sans y mettre le pied
sans y mettre le pied

MÊME SUJET

Le transatlantique amarré
de l'autre côté du bassin
n'emportera pas l'écolier
vers des sols précolombiens

jamais jamais l'écolier
n'a eu l'idée de se glisser
à bord du grand transatlantique
qui doit aller en Amérique

sur la carte de l'Océan
il le suit qui se déplace
les longitudes sectionnant
vers New York ou Boston (Mass.)

il a le goût de l'aventure
l'écolier qui sait regarder
de si beaux bateaux naviguer

sans y mettre le pied
sans y mettre le pied

LA MARINE À VOILES

Après avoir descendu tout le long le long du mât de
    misaine
et salué le petit cacatois, le petit perroquet, le petit
    volant et le petit hunier
le marin de terre sèche salue le bon vieux dictionnaire

qui lui donne l'image du voilier trois-mâts avec ses
   principaux agrès
il s'embarque avec son sac et se présente au capi-
   taine
le voilà médecin de bord (pourquoi pas) pendant cette
   traversée
on fera le tour du monde en longeant les terres
   lointaines
on verra souffler les blanches baleines
et l'on reviendra en se promenant à travers l'Océanie
on restera si l'on ne sombre au moins trois ans partis
au retour on retrouvera les enfants grandis
regardant avec joie dans leur dictionnaire
la figure majestueuse du voilier trois-mâts avec ses
   principaux agrès

LA LANTERNE ROUGE

La lanterne bouge au bout du chemin
la lanterne rouge au bout de la main
c'est un parapluie oh! l'horreur inepte
qui surgit non loin de Saint-Clair-sur-Epte
cette grande bringue a dit mon chéri
dans la rue mouillée alors on s'enfuit
contact éprouvant de la libido
il n'est pas bien tard il n'est pas bien tôt
des rues entières se couvrent d'abeilles
en multipliant et monts et merveilles
pour marins suédois ou américains
qui portent au port café coton bois
ces parapluies noirs évoquent l'adresse
des spectres de mort tortillant des fesses

L'ÉLASTIQUE

Les lames sur la digue arrosent les gamins
l'un d'eux trouve un couteau qui n'en a qu'une seule
véritable Pradel bien marqué de son ancre
à quoi peut-il servir lorsqu'on est citadin?
à se gratter les cors? à couper du papier?
pas à tailler son pain ce qui est hors d'usage
il devient plus utile en la montagne arabe
trois lustres ont passé, vois la paille s'étale
pour qu'il s'y perde et saint Antoine de Padoue
retrouve cet objet point celui de Jeannot
son manche et son acier mêmes et identiques
comme enfant et vieillard tenus par élastique

BAMBOUS BRÛLANT
EN INDO-CHINE

Bambous brûlant en Indo-Chine
la couleur locale se dessine
dans une conversation à bâtons rompus

pour y aller on traverse la mer Rouge
dans le sens longitudinal puis l'Océan Indien dans
      l'autre
jusqu'à Saïgon avec ses fumeries et ses bonzes

faire tant de chemin pour un jour raconter cette odeur
dans un wagon de deuxième classe à une dame distin-
      guée
et faire ainsi quelque impression vanité des vanités

les bambous ont brûlé pour qu'il en soit ainsi

Pourquoi cette émotion pourquoi ce souvenir
tant de choses oubliées et non celle-ci
dans les vitres fermées on voyait nos images
réelles ou virtuelles optique incertaine déjà
les bambous ont brûlé pour qu'il en soit ainsi

L'OISILLON
DE LA GARE SAINT-LAZARE

Il en court des prostituées
tout autour du chemin de fer
de l'aube à la nuit tombée
non ce n'est pas là qu'il ira
mais traversant à gué le fleuve
impeccable il restera
dans son atmosphère neuve
l'eau courante ne sale point
des larmes amères
l'océan a la couleur
des peaux de vipère
serpent serpent serpent de mer
te regarde la lumière verte
l'oiseau retourne à son nid
avant le départ hivernal

ADAPTATION

Il faut avoir le pied marin
pour utiliser le métropolitain

navigations souterraines
périples subterranéens
errances hypogées

avec un seul ticket l'on peut
décrire un circuit fermé
aussi longtemps que l'on veut

plusieurs même

autant dire que le navire
vogue sur des vagues de sable
immobile   pétrifié

RETOUR

Lentement descend la Seine
une péniche de savon
à Chaillot il n'en reste guère
et plus du tout au dernier pont

pourquoi péniche de savon?
c'est un emblème
des jours qui vont et qui s'en vont
le long de la Seine

elle aurait pu être de sucre
substance également soluble
elle aurait pu subsister
peut-être jusqu'à Duclair

le train le train va bien plus vite
pour retourner à l'Océan
la péniche de bois résiste
à la fonte des neiges d'antan

PAYSAGE SUBURBAIN

Le chemin de fer chante sa chanson
lorsqu'il court devant la maison
les poules piaillent au jardin
le coq fait le musicien
un sentier mène le long de la rivière
voilà il n'y a rien d'autre à faire
la radio existe à peine
la télévision encore moins
on lit la presse quotidienne
le chemin de fer chante au loin
puis tranquillement s'approche
enfin le silence en sa poche
escamote le bruit des trains

BATHING BEAUTY GIRLS

De petites bonnes femmes galopent en maillots de
    bain
elles ne sont pas plus hautes que ça
elles gambadent et font des grâces
on les paye (pas beaucoup) pour ça

et pourtant dans les yeux des garçons elles étincel-
lent
ces minimes images deviennent des étoiles
elles gravent à l'eau forte leur anatomie
dans les imaginations adolescentes

dans les rues l'enfant redevient solitaire
ce ne sont pas des femmes qu'il a vues là
mais des ombres agitées par des rais de lumière
et qui font pour pas cher leur petit cinéma

et lorsque sur la plage il regarde ses compatriotes en
maillots de bain
qu'elles remplissent amplement de leur chair
il trouve que les dames vraies ne sont pas bien chouettes
et qu'elles ne valent pas les bathing-girls de Mack
Sennett

PIÈTRE MÉMOIRE

Capitaine, marins de l'Étoile du Nord
vous voyagerez jusqu'en gare d'Étampes
plusieurs fois avec vous cette lecture encor
vous déplacera fictifs entre deux tempes

pour être aventuriers prendre le train de Tours
à Rouen peut paraître un exploit original
et même audacieux pensant à ce détour
comme j'étais naïf fait petit mémorial

Comble je me déplace avec un alpenstock
achat d'un col alpin où je fus en été
et je bois du café frappé au lieu de bock

ces menus incidents bien au hasard pêchés
ne donnent même pas l'amer goût de pleurer
que je garde pourtant dans ma mémoire en stock

PLEINE TERRE

Étouffer hors de l'eau voici la campagne sèche pou-
    dreuse aoûtée
dans la nuit des plumes un râle une agonie un mboaln-
    heur
et quand le jour rayonne s'étale une triperie
reprendre vie dans l'obscur midi où la poussière voltige
reprendre vie puis repartir en emportant ce vertige
et retrouver ici là ici ailleurs ici l'élément primordial

UNE TRAVERSÉE EN 1922

Pourquoi donc tant de gens ont-ils le mal de mer
telle était la question qu'à moi-même posait
la vue âcre de ceux qui en chœur vomissaient
faisant route à vapeur vers la grande Angleterre
on se trouvait alors loin du cap d'Antifer
mais me trompé-je ici? n'était-ce pas à Dieppe
que j'embarquai ce jour pour aller monoglotte
apprendre autre langage en dansant l'one-step?
Oui c'était bien à Dieppe et les gens vomissaient
quel spectacle attristant quand on est sur la flotte
La beauté de la nuit respire ces odeurs
machines ou cambouis et surtout les senteurs
qu'étend l'individu avec l'in-digestion

je tirais vanité de ce mal être indemne
j'avais le pied marin et l'estomac de même
Vanité vanité : malades, bien portants
arrivèrent ensemble au port des anglicans
et je ne sus alors que dire yes ou bien no
bien au hasard d'ailleurs ne comprenant que pouic
à ce que racontaient les douaniers britanniques
qui lisaient de travers mon nom Raymond Queneau
et lorsque je revins un mois ou deux plus tard
en sachant prononcer deux ou trois autres mots
les douaniers me semblaient toujours dans le brouillard
le même qui cernait les contours du bateau
de nouveau quelques gens en chœur redégueulèrent
vanité vanité je reviens d'Angleterre
ayant le pied marin mais ne sachant pas mieux
que lorsque je partis la langue de Chexpire

GOLFE DU LION

Les banlieusards chantent en chœur discordement des
    paroles à la mode
et ne s'interrompent que pour proclamer que le bouc
    sent
on les a laissés tout à l'heure se promener à leur idée dans
    le port
et la première naturellement fut d'aller au boxon
les voilà réunis précipités à fond de cale
le bateau s'éloigne du quai et la troupe reprend ses
    scies
la trompette en bois le soleil marocain et en prime l'odeur
    de la ville
que ces clameurs comparent à celle du susdit animal

En pleine mer maintenant la soupe se prépare et les
ventres sourient
mais déjà déjà les appétits se restreignent et les vastes
estomacs
ça commence et ça continue à dégueuler boyaux et
tripes
il n'y a plus que quelques courageux pour taper dans le
rata
la Méditerranée secoue ses puces et les puces ont au cœur
très mal
la nuit se passe entre les flancs du navire percutés par les
vagues
les chanteurs gémissent dans les affres stomacales
et rengainent provisoirement leur trésor de bonnes
blagues
le temps se consume en amers vomissements
mais l'hélice fait bien son travail et le soleil se lève
un nouveau port s'annonce à l'horizon un autre conti-
nent
alors le troupeau s'essuyant le dégueulis de la commis-
sure de ses lèvres
de nouveau redevient un ensemble chantant

DES TEMPS DIFFICILES

Petite barque secouée par la moindre houle
on verse parfois de l'huile autour
et la mer se calme en berçant la barque
puis l'huile s'en va et la moindre houle
va secouer encor la petite barque
on y met du plomb on y met du lest
mais alors survient la vaste tempête
qui secoue toujours la petite barque

la secoue secoue jusqu'à perdre tête
puis cela se calme et la petite barque
reste tout émue par le vaste orage
Comment arriver au calme équilibre
lorsque renaîtra la moindre des houles?

LE RADEAU

Il quitte père et mère
il se veut orphelin
il ne sait ce qu'il veut
trotte par les chemins
et ne s'endort qu'à l'aube
avec un quignon de pain
un verre de pernod
et ses souliers cassés
A l'agence de presse
il est midi sonné
et les journaux du soir
sont bien vite arrivés
donnez donnez l'aumône
au pauvre naufragé

ÉPISODE

Lentement je m'étonne à la suite des mois
je n'ai pas encore franchi les portes du mouton
je ne suis encore qu'un veau qui tâtonne
et qui braie avec force en demandant son pain

j'entrai dans la caverne où s'entassent les ors
découpant aux ciseaux les images des bons
je ne savais pas tout ce qu'il fallait savoir encore
je nageais sur l'asphalte en croquant un croissant

ma barque me menait sur des rivières blettes
j'aurais aussi bien pu transfréter les égouts
j'allais à la godille et je ne chantais point
comme font pour sourire les pâtres vénitiens

et puis je suis un jour parti prenant congé
je saisis mon sac et mon baluchon et sortis
je mis les pieds dans l'eau c'était un pauvre gué
le soir même arrivais au pays de misère

En marécage épais parfois phosphorescent
les amis du marasme profèrent quelques cris
en hurlant des rires contre tout ce qui passe
s'enfonçant se hissant ou bien disparaissant

Je barbote de même en cette tourbe rouge
rutilant des ardeurs de foyers d'hérésie
au milieu des produits du faste et de l'esthète
se traînent les conscrits pataugeant dans la lie

et puis tout cela passe le marais se dessèche
le roi nu se lamente il a perdu sa reine
je pousse un dernier cri quelque ultime flammèche
et voici le silence au bord de la fontaine

je retrouve ma barque un peu sale et souillée
une eau plus pure couvre les anciens étalages
je poursuis mon chemin navigable hésitant
pour atteindre au soleil les cornes du taureau

LA COULEUR LOCALE

L'enfance crue dépassée mais c'est bien illusoire
sur le mont des témoins s'entend le cantique des
　cantiques
murmuré sous les lumières du néon noctambule
Le prince pâtre écrivain, lui, ne sait que répondre
et l'hiver sassera ses jours dans le crible de l'année
avant que ne s'aperçoive la Méditerranée
où voguent des bateaux aux voiles bariolées
qui ne sont que chemises pour l'enfance dépassée

L'ÉTÉ

Je ne saisissais pas le sens de ces journées
cuites au bord de l'eau comme un œuf à la coque
le soleil engageait de vagues matinées
qui duraient endormies sur la pente des rocs

la chemise était verte ocre ou bien orangée
le pantalon carmin avec plusieurs accrocs
dans la maison déserte humide et abritée
on entend en plein jour tousser la voix d'un coq

vers le soir on revient vers la mer adulée
retremper sa paresse en la nage exaltée
en attendant l'alcool pour arroser des phrases

tout cela s'est forgé dans l'immobilité
d'une errance incertaine au cœur d'un seul été
je ne retrouve plus le sens de cette phase

PLONGÉE

Au soleil la mer est douce
comme un écran de satin
à sa surface je me pousse
nageant comme un poussin

mais le poussin gagne ses ailes
et le poussin devient poisson
et je m'envole hirondelle
vers les rochers au plus profond

je regarde mes congénères
se déplaçant vifs ou lents
ils sont à l'aise et me tolèrent
à leurs côtés barbotant

des herbes couvrent la rocaille
le paysage est délicieux
mais à la fin vaille que vaille
je dois remonter vers le ciel

SABLE FIN

Une chanson disait dans les sables sans fin je pense à toi
   à toi ô ma jolie
mais les sables sans fin ne se voient guère près
   d'Alger
pour cela il faut aller au Sahara à Biskra par exemple
où l'on se promène à dos de dromadaire
à travers l'oasis et jusqu'aux confins du désert

l'animal tanguant comme un vaisseau sur la mer
mais le sable fin sans fin c'est maintenant que je le trouve
il coule pendant des heures à travers mes doigts
sec humide avec ses petites parcelles de mica
il pénètre tout et jusqu'entre les pages des livres
il coule pendant des heures parce qu'il n'y a rien d'autre
    à faire
qu'à cuire au soleil jusqu'aux ombres de l'automne
l'eau glace le nageur les vents apportent l'air des
    Alpes
mais le sable reste fin sans fin pur malgré les
    déchets

DÉPART ARRIVÉE DÉPART

L'hiver gémit en gelant les genoux
les natateurs ont fui la vague amère
plus d'empreintes sur le sable désert
un petit chat pleure en découvrant la houle

plus ne sont les écumes des pieds
dans le sillage du crauleur émérite
oh vanité tout n'est que vanité
il faut partir on va vers les collines

au coin du feu rois et reines s'affrontent
la gouache teinte les feuilles noires
les cinémas leurs histoires racontent
pour conclure tout cela on dort comme un loir

que signifient ces ombres minimales
ce ne sont point activités animales
mais bien humaines et pourtant et pourtant

dans la mélancolie le bonheur subsistant
où mènera la retraite indécise?

Il faut enfin regagner la cité
alors on part sur la nuit des routes
pour retrouver les amis déchirés
tout ce qu'on connaît prépare sa déroute

Un soir dans un café tous les gens là se tiennent
on dit des conneries à n'en plus finir
où donc est le sable pur pour la vie quotidienne
la candeur jamais coupable et le simple plaisir
tandis que l'on plonge dans la mêlée absurde
des uns et des autres que la haine absorbe

DÉCOUVERTE DES PICTOGRAMMES

Si les mots se sont évanouis
vidés de leur sens
il ne reste plus je pense
que la pictographie
Indien de la Grande Plaine
c'est vous qui nous enseignerez
votre écriture aborigène
que nous pouvons utiliser
et me voici qui dessine
de petits signes
à la frontière d'Espagne
puis je pense à autre chose

COÏNCIDENCE

Déçu de ces papiers sombrant dans le marasme
quelques objets se déplacent sur le tableau
une femme en sari donne leçons de danse
jouant de vieilles chansons sur un piètre piano

on envisage alors d'autres façons de vivre
et gagner son pain à la sueur de son front
semble encore lointain chaque jour un peu ivre
permet de repousser l'an jusques en son fond

dans l'immense cube où se fixe un cylindre
se fournit le filet du rythme quotidien
deux trois individus cobayes ou cochons d'Inde
vont viennent hallucinatoirement pour rien

Une musique noire hors d'un meuble d'ébène
fait entendre un banjo un trombone un saxo
une voix qui chantonne elle est américaine
où sont donc les ténors quintettes et scherzos

cette vie passera plus vite que muscade
elle est légère un rien suffit à la meubler
un travail se recherche et la folie en rade
essaiera bien en vain d'en regonfler la nuée

LES HÉTÉROCLITES

Dans ce flot de littérature ma doué ma doué
dans ce flot de littérature qu'irai-je qu'irai-je pêcher?

des fous des fous à la botte et des naïfs aussi
des fous des fous à la pelle et des imbéciles ravis
des gâteux des déments des dingues
et beaucoup beaucoup d'aplatis
déception déception immense
cela fait un manuscrit
qui ne trouve pas d'éditeur
je n'ai plus qu'à dire merci

ENCORE LES HÉTÉROCLITES

Flots de livres entassés vagues immobilisées
où court encore une écriture
mots reliés que la poussière dore
dans ce fourrage que je mords
dans ce bâtiment que j'honore
chaque ancêtre reprend stature
parfois c'est une miniature
une urne éboulée un mausolée
d'où le sens s'est évaporé
mais je rétablis la balance
du néant et de l'existence
évaluant la médiocrité

C'ÉTAIT LE MÊME ET C'ÉTAIT LUI

Deux rois de trèfle sont sortis
du jeu des nouettes
deux rois de trèfle sont sortis
un soir dans les rues de Paris

l'un d'eux venait de la folie
mais sa tête était bien droite
l'un d'eux venait de la folie
un soir dans les rues de Paris

l'autre attendait qu'il naquît
tranquille dans sa brouette
l'autre attendait qu'il naquît
un soir dans les rues de Paris

puis le premier s'évanouit
ce fut donc pour disparaître
puis le premier s'évanouit
un soir dans les rues de Paris

alors le second souriant dit
adieu je pars pour des terres lointaines
alors le second s'embarquit
pour aller loin loin de Paris

c'était le même et c'était lui

MÉLANCOLIE CORFIOTE

Le thon nage dans l'huile
je dans une mer molle
le thon sort d'un coffre automobile
je d'une chaleur de colle
le thon se met sur une assiette
je sur un sable en miettes
le thon fut un être vivant
et moi je le consomme
ichthyophagiquement

après je fais un somme
et la boîte en fer-blanc
se rouille au gré du vent

je ne mangerai plus
de thon nageant dans l'hu-
ile

L'ÎLE

Miettes de vie discontinues sous l'âpre soleil de fructidor
figues sèches dattes historiques pruneaux d'âge ingrat
petites journées rus secs gués tristes soleil qui dort
deux mois dans une île déserte à croire qu'on n'en
reviendra pas et puis voilà les feuilles qui tombent
    avec les belles pluies d'automne
l'eau pétrit la poussière et l'année va renaître
continue continue pour qui n'est jamais seul

LE BOULANGER SANS COMPLEXES

Sur les égouts je naviguerai
a dit le psychanalyste
sur les égouts je naviguerai
même si cela sent mauvais

j'y pêcherai vieilles godasses
et je lui dirai finement
quoi que désormais tu fasses
tu seras chaussé vachement

et si je pêche une vieille boîte
de thon toute rouillée
je dirai que c'est dans tes rêves
que je l'ai trouvée

l'autre au fond de la barque
se laisse doucement emmener
lequel des deux est le monarque
lequel est le lessivé

mais parfois un rai de soleil
par une bouche éclate un jour
alors il faut le saisir pareil
au mitron devant son four

cette lumière comestible
hors la sentine attirera
quelque tourment putrescible
transformé en harmonica

MUNICH

Le tonnerre approchant la salle se dissipe
le vide s'établit sous le vaisseau de fer
ce n'est pas une guerre à quoi l'on participe
mais la simple anxiété avec un goût d'amer

Les lecteurs sont partis délaissant l'hémicycle
on attend la nouvelle avec fièvre et pâleur
mais moi je n'attends rien que se ferme le cycle
ou que s'ouvre un nouveau je demeure un lecteur

les journaux ont paru débitant des sottises
la foule se remue ou bien s'immobilise
et nul encor ne sait ce que sera son sort

mais moi, tête penchée, à moi-même identique
je me dégage de ce mal épidémique
et je reste tout seul et plus faible ou plus fort

PROJET

Je parlerai d'une voix plus claire
les poissons deviendront poissons
les algues seront des algues
et les monstres marins resteront des monstres marins
Je ne salerai plus les mots
je ne transformerai plus les poissons en alouettes
les algues en rosiers et les monstres marins en machines
    à écrire
Seules se perpétueront les sirènes
dessalées par la distance du temps

SIRÈNE FORAINE

Dans la baignoire nage une sirène
pas plus grande que le doigt
c'est à la fête foraine
que j'ai acheté ça

je la regarde grandir
en la nourrissant de morue
maintenant elle sait sourire
et se tient sage mais nue

un beau jour qu'entends-je et qu'ouïs-je?
un chant menu mais bien formé
je suis séduit par ces arpèges
hélas où cela m'a mené

je m'avilis et je m'exalte
devant cet être déchaîné
mais l'amour doit faire halte
et ne point se réaliser

je souffre et je me désespère
la conjonction est impossible
alors à la fin j'en ai marre
et je vidange la baignoire

cette belle incorrigible
disparaît avec le liquide
je redeviens un homme adulte
un peu froissé par le tumulte

LA SIRÈNE LIQUIDÉE

La chanteuse homocerque
pousse des cris lamentables
elle se roule sur la plage
appelant un cœur susceptible

un nageur vient foulant le sable
il l'emporte dans la barque
et dans la mer incorruptible
il rejette sa double charge

nullement prêtre luperque
de courroies nullement capable
c'est sans regret qu'il immerge
la tentatrice insubmersible

de son destin laissant la Parque
tirer le fil inaliénable
il regarde au loin vers le large
voguer la belle incompatible

et maintenant loin de Dunkerque
il pense en se mettant à table
dans une poissonnière auberge
à la sirène incomestible

HALTE

Où donc court cet homme adulte
cet homme mûr ce gamin
s'il voit ceci il exulte
s'il voit cela il est chagrin
il est vieux par le babillage
il est jeune comme un perclus
de jour en jour il a moins d'âge
d'année en année moins d'écus
Les écus voilà ce qui compte
dans ce beau monde endimanché
entre ses doigts hélas ils fondent
il n'a que quelques francs papier
cela n'empêche qu'il arpente
les rues recherchant son désir
coulant doucement sur la pente
qui mène au fond de l'avenir

un avenir sans queue ni tête
alors tout soudain il s'arrête
et s'assied devant l'océan
pour considérer son roman
qui risque de tourner à l'aigre

ZIGZAG

Il rugit il déconne
il a bu trop d'alcool
il sombre il est dément
il hurle à tout vent

voici le petit vin blanc
des matins brumeux
voici la verte absinthe
des midis fumeux

voici le jaune ouisqui
des soirées inertes
voici les ocres demis
des nuits désertes

il rugit il déconne
il a bu trop d'alcool
il sombre il est dément
il hurle à tout vent

OPHÉLIUS

Au fond des eaux s'aperçoit la mémoire
corps et biens sombrée
nul ne sait en quel asile
l'histoire fut internée
au fond des eaux le grimoire noir
avec un bâton qui essaie de le récupérer
et qui devra reprendre conscience?
Hors la barque, penché vers le silence
les poissons s'enfuient loin des grimaces
le souvenir semble un moment vouloir remonter à la
    surface
pour retomber ensuite plus bas hors de portée
— on ne dira jamais qui fit le fol ou qui fut fou

L'ERREUR

L'un croit que l'autre est parti
l'autre rumine dans l'aride
un jour le voilà qui se dit
je rentre dans mon domicile
domicile lavé orné
il mène sept imbéciles
trébuchants, cruels, enivrés
combien de temps resteront-ils?

ESSAYER DE S'EN SORTIR

L'angoisse étreint le visiteur
il hurle à la vie il hurle à la mort
puis il se met à parcourir les corridors
une horloge montre l'heure
le feu est allumé dans l'âtre
un repas servi sur la table
le visiteur s'assoit sans hâte
et boit un verre d'eau potable
Il a mangé. Se sent-il mieux?
L'angoisse est-elle toujours vive?
Il cherche la place du pieu
pour une sieste impérative
Le soleil est déjà bas
lorsque le visiteur se réveille
mais l'angoisse toujours là
au pied du lit le surveille
Le soir descend de la colline
l'ombre s'étend sur la plaine
une bougie de stéarine
éclaire faiblement l'haleine
de l'angoisse qui halète
il regarde en face la nuit
il éteint toute lumière
il respire et c'est lui-même
qu'il retrouve au fond du puits
d'où il se hisse avec patience
dans le silence dans le silence

UN CHEMIN D'EAU

Mon avenir est-il sur l'eau
souventes fois me le demande
Où est-il le temps des limandes
où nageant comme un serpentin
je traçais à travers les ondes
mon petit tout petit chemin
mais le crauleur s'est assagi
en restant sur la terre ferme
marcher sur l'eau est difficile
prendre le bateau bien banal
l'Océan dans mon esprit
engendre ici ces poésies
Je marche le long du canal
en regardant les chalands lents
poursuivre leur chemin fatal
vers le port de débarquement

SISYPHE

Il y a sur ce papier une tache de sang
comment après cela écrire un poème sur l'Océan
il sera bon à jeter au panier
voilà qui sera fait incessamment
l'angoisse m'a pris à cause de cet adjectif
est-ce le sens? est-ce bien l'orthographe?
je suis désespéré — mais non réagissons
je n'ai même plus la ressource d'un apéritif
c'est dément c'est dément
remonterai-je jamais cette pente tragique

je me le demande décourageusement et pourtant
courage courage courage je ne serai pas Sisyphe
je hisserai mon roc du fond de l'océan

TEMPÊTE SOUS UN CRÂNE

Noire est l'encre le long des digues
noire est la nuée autour des mâts
mais il y a des taches blanches
plus noires que l'horizon — là-bas

Faudra-t-il devenir dingue
et se perdre dans l'océan
le drame emplit la surface
de l'esprit cabossé — là-bas

Comment sortir de la tourmente
comment nager contre le flot
comment déphaser les sanglots
de la sirène alarmante

Un rai soudain vient à pâlir
l'oiseau s'envole et puis revient
apportant le brin de laurier
qui rend à l'eau sa verdeur primitive
mais le navire est-il sauvé?

VERS UN PEU D'AIR BLEU

Songes flottants dans la brume
accordés au vol bas d'oiseaux las

un peu de mer vaporisée
un peu d'écume

Idées non, maussaderies
échos du pas lent du poisson de banc
légèreté désagrégée
hygrométries

De tout cela rien ne s'élève
il faut attendre et tendre
vers un peu d'air bleu
au-dessus de la brume au-dessus de l'écume au-dessus
  du rêve

RECUEILLEMENT

J'écrirai le mot fin comme arrivé au port
cette fin n'est autre qu'un recommencement
je ne laisse pas mes poèmes à leur sort
je vais les recueillir en les bien ordonnant

NOTE BIOGRAPHIQUE

Raymond Queneau est né au Havre, le 21 février 1903. Son père, Auguste Queneau, est un comptable colonial en congé de convalescence qui démissionnera de l'armée pour devenir le collaborateur de sa femme, Augustine Julie née Mignot. Ils exploiteront un commerce de mercerie et leurs affaires deviendront rapidement prospères. Raymond Queneau mettra en scène le couple de ses parents dans *Le Dimanche de la vie*.

Le jeune Queneau est baptisé et fait sa première communion en 1914. Il est bon élève au lycée du Havre et se passionne en particulier pour l'histoire. Il est bachelier en 1920. Dès l'âge de dix ans il écrit abondamment et prétend avoir composé une vingtaine de romans à treize ans.

En 1920, il s'inscrit à la Faculté de Paris et habite chez ses parents, à Épinay-sur-Orge. Il découvre l'Angleterre en 1922. Ses débuts à Paris sont évoqués dans *Les Derniers Jours*. Il obtient le grade de licencié ès lettres après avoir passé quatre certificats de philosophie entre 1923 et 1925 et commence à chercher du travail. Dès 1924 il rencontre les surréalistes et collabore à *La Révolution surréaliste*. De 1925 à 1927 il doit faire son service militaire en Algérie et au Maroc comme zouave de deuxième classe. Il suit par correspondance des cours de commerce et d'anglais commercial. Revenu à Paris, il épouse Janine Kahn en août 1928.

En 1930, il s'attaque à une entreprise colossale, une étude sur les « fous littéraires », qu'il utilisera dans *Les Enfants du limon*. Il prend aussi des cours de boxe et marque sa rupture avec le surréalisme en publiant « Dédé » dans *Un cadavre*. L'histoire de ses relations avec le mouvement est transposée dans *Odile*. Pour vivre, il a dû se faire représentant en nappes de papier, puis, en 1931, employé de banque.

Il se rend en Grèce en 1932 et en rapporte son premier roman, *Le Chiendent*.

La même année, il est membre du « Cercle de la Russie neuve » et va suivre de 1934 à 1937 les cours de sciences religieuses à l'École pratique des Hautes Études. Son fils, Jean-Marie, naît en 1934.

En 1936, il s'installe à Neuilly, où il restera jusqu'à la fin de sa vie. Il commence à collaborer à de nombreux journaux et à des revues et publie un ouvrage presque chaque année. En 1938, il devient lecteur d'anglais dans le comité de lecture des éditions Gallimard.

En 1939, il est mobilisé, puis renvoyé dans ses foyers le 20 juillet 1940. Il regagne bientôt Paris où il reprend ses fonctions chez Gallimard. Ses activités littéraires se multiplient dans tous les domaines. il donne des conférences à l'étranger, s'occupe de radio, de cinéma et de peinture, participe activement à la vie de Saint-Germain-des-Prés.

En 1950, il séjourne aux États-Unis avec Roland Petit et devient à la même époque membre du Collège de Pataphysique. En 1951, il est élu membre de l'Académie Goncourt et en 1952, de l'Académie de l'Humour. Il sera également, entre autres, membre de la Société mathématique de France. En 1956, il se rend en voyage officiel en URSS.

C'est la publication, en 1959, de *Zazie dans le métro* qui, après les *Exercices de style,* confirme son succès auprès d'un large public. En 1960, on lui consacre une décade à Cerisy, qui débouche sur la création de l'Oulipo. Les *Exercices de style* vont être très souvent mis en scène à l'étranger. Parallèment à sa création personnelle, à ses multiples activités, il est devenu en 1954 directeur de l'*Encyclopédie de la Pléiade,* dont il préparait la publication depuis 1946.

En 1972, il est très affecté pas la mort de sa femme, Janine. Il la rejoint le 25 octobre 1976.

NOTE BIBLIOGRAPHIQUE

Œuvres principales de Raymond Queneau

1933   *Le Chiendent.*
1934   *Gueule de pierre.*
1936   *Les Derniers Jours.*
1937   *Odile.*
       Chêne et chien.
1938   *Les Enfants du limon.*
1939   *Un rude hiver.*
1941   *Les Temps mêlés [Gueule de pierre II].*
1942   *Pierrot mon ami.*
1943   *Les Ziaux.*
1944   *Foutaises.*
       Loin de Rueil.
1947   *Exercices de style.*
       Bucoliques.
       On est toujours trop bon avec les femmes.
1948   *L'Instant fatal.*
       Saint-Glinglin [avec une nouvelle version de *Gueule de pierre*
       et de *Les Temps mêlés*].
       [Nouvelle édition modifiée des *Ziaux.*]
       Monuments.
1950   *Petite cosmogonie portative.*
       Bâtons, chiffres et lettres.
       Journal intime [de Sally Mara].

1952　*Si tu t'imagines* [reprise de *Chêne et chien*, *Les Ziaux* et *L'Instant fatal*].
　　　　Le Dimanche de la vie.
1958　*Sonnets.*
　　　　Le Chien à la mandoline.
1959　*Zazie dans le métro.*
1961　*Cent mille milliards de poèmes.*
　　　　Texticules.
1962　*Les Œuvres complètes de Sally Mara* [reprise de *On est toujours trop bon avec les femmes*, *Journal intime* et *Foutaises = Sally plus intime*].
　　　　Entretiens avec Georges Charbonnier.
1963　*Exercices de style*, édition nouvelle revue et corrigée.
　　　　Bords : Mathématiciens, Précurseurs, Encyclopédistes.
1965　*Le Chien à la mandoline* [reprise de *Sonnets* et *Le Chien à la mandoline*].
　　　　Les Fleurs bleues.
1966　*Une histoire modèle.*
　　　　Meccano ou l'analyse matricielle du langage.
1967　*Courir les rues.*
1968　*Battre la campagne.*
　　　　Le Vol d'Icare.
　　　　Si tu t'imagines [réédition légèrement modifiée].
1969　*Fendre les flots.*
1971　*De quelques langages animaux imaginaires et notamment du langage chien dans « Sylvie » et « Bruno ».*
1973　*Le Voyage en Grèce.*
　　　　La Littérature potentielle [ouvrage collectif de l'Oulipo].
1975　*Morale élémentaire.*
1989　*Œuvres complètes*, tome I, « Bibliothèque de la Pléiade ».
2002　*Œuvres complètes*, tome II, « Bibliothèque de la Pléiade ».
2006　*Œuvres complètes*, tome III, « Bibliothèque de la Pléiade ».

Ouvrages sur Raymond Queneau

1960　Jean Queval. *Raymond Queneau*, « Poètes d'aujourd'hui », Seghers.
1962　Claude Simonnet. *Queneau déchiffré (Notes sur* Le Chiendent*)*, « Dossier des Lettres Nouvelles », Julliard.

1962 Jacques Bens. *Queneau,* « La Bibliothèque idéale », Gallimard.

1963 Andrée Bergens. *Raymond Queneau,* Droz, Genève.

1966 Paul Gayot. *Raymond Queneau,* « Classiques du XXe siècle », Éditions Universitaires.

1972 Renée Baligand. *Les Poèmes de Raymond Queneau, Étude phonostylistique,* préface de Raymond Queneau, « Studia phonetica », 6, Marcel Didier, Montréal, Paris, Bruxelles.

1975 *Queneau,* « Les Cahiers de l'Herne », n° 29, L'Herne.

1978 *Raymond Queneau plus intime,* Bibliothèque Nationale.

2002 Anne-Isabelle Queneau, *Queneau,* « Album Pléiade », Gallimard.

2011 Jean-Paul Martin, *Queneau losophe,* « L'un et l'autre », Gallimard.

Il existe une association des « Amis de Valentin Brû » qui publie une revue trimestrielle, 29, boulevard des Batignolles, 75017 Paris.

PORTRAITS

Autoportrait fictif: l'arrivée à Paris

Lorsque Vincent Tuquedenne débarqua du train du Havre, il était timide, individualiste-anarchiste et athée. Il ne portait pas de lunettes bien qu'il fût myope, et laissait croître sa chevelure afin de témoigner de ses opinions. Tout cela lui était venu en lisant des livres, beaucoup de livres, énormément de livres.

Supportant mal au bout de son bras le poids d'une valise trop lourde pour ses muscles inexercés, il marcha d'un pas hésitant vers le petit hôtel de la rue de Caboul, près de la gare Saint-Lazare [...].

Il ne séjourna pas longtemps en sa mansardeuse chambrette et se lança dans le Nord-Sud pour se rendre au quartier Latin. Il commit une erreur en descendant à *Rennes,* croyant qu'il pouvait changer pour *Saint-Michel,* mais fut cependant stupéfait de se débrouiller si bien. Il prit sa première inscription de licence ès lettres, nouveau régime. Il y passa sa journée, considérant avec mépris la folle jeunesse qui l'entourait, avide de diplômes et stupidement chahuteuse. Ce n'était pas très différent de la rentrée des classes au lycée du Havre.

Vers les quatre heures, il se trouva en possession d'un livret universitaire et d'une carte d'étudiant ornée de sa photographie. (Il ne se trouvait pas mal sur cette photo; il y avait bien l'air d'un lecteur de Stirner et de Bergson.) L'horloge de la Sorbonne lui apprit qu'il était quatre heures cinq; il ne sut que faire jusqu'au dîner. Il monta le boulevard Saint-Michel jusqu'à la rue Gay-Lussac, puis le redescendit jusqu'à la Seine. Ensuite il le remonta jusqu'à la rue Gay-Lussac, puis le redescendit jusqu'à la Seine. Il essaya le trottoir de gauche après avoir arpenté le droit. La nuit se coucha sur la ville. Vincent Tuquedenne continuait à tuer le temps à coups de talon, à piétiner ces minutes désastreusement vides qu'il ne savait même pas remplir avec des cafés-crème. A sept heures tapant, il pénétra dans le Chartier de la rue Racine, à lui conseillé par son père, et y absorba, assis à une table au premier étage à gauche en montant, un filet de hareng à l'huile, une andouillette aux pommes, un mendiant et un quart de vin rouge. Puis il alla prendre l'AI place Saint-Michel et rentra sans difficulté à l'*Hôtel du Tambour,* comme se nommait cette cassine.

Lorsqu'il eut derrière lui refermé la porte de sa chambre, il constata qu'il n'y avait là que lui-même. Il essaya de détruire sa solitude en rangeant ses objets de toilette, ses vêtements, ses livres. Il tenta de s'exalter en pensant qu'il logeait rue de Caboul et que cette ville est la capitale de l'Afghanistan, mais sans y réussir. Il entendait tout le temps fonctionner la chasse d'eau. Il installa une petite table sous la lampe, prit un cahier tout neuf et s'assit devant la page blanche qu'il égratigna de son écriture. Vincent Tuquedenne savait que ce jour était un grand jour et qu'il inaugurait une nouvelle période de sa vie. Il lui fallait donc un cahier neuf pour son journal.

Les Derniers jours, 1936.

Rencontres (1931)

Bien que ma première rencontre avec Raymond Queneau remonte à plus de quarante ans, j'en garde cependant un souvenir très vif et pourtant, ce soir-là, notre conversation n'avait guère dépassé le stade des banalités. C'était en 1931, le soir du réveillon chez Simone Breton, quelque part dans Paris.

La soirée était déjà avancée quand j'arrivai; il y avait beaucoup de monde et l'atmosphère était très joyeuse. Je ne connaissais absolument personne sauf l'ami qui m'avait emmené, Jacques Klein, un journaliste qui écrivait des pièces de théâtre. C'était un bon copain qui, comme moi, travaillait à l'agence *Opera Mundi.* Jacques connaissait les Queneau et il me présenta d'abord à Janine Queneau. Elle me prit sous sa protection et me présenta à son tour à sa sœur Simone Breton, puis à son mari et à d'autres invités.

Sur le moment, leurs noms ne me disaient rien mais par la suite, j'ai eu la chance de nouer de solides amitiés avec certains d'entre eux. Roger Vitrac était là, je crois, ainsi que Robert Desnos et sa femme Yuki. Également Georges et Sylvia Bataille, Jacques Baron, Michel et Zette Leiris, Marcel Duhamel, Max Morise, Ribemont-Dessaignes, Pierre et Jacques Prévert. En bref, pratiquement tout le groupe des *Deux-Magots,* anciens surréalistes, poètes, romanciers, artistes qui se réunissaient presque tous les jours pour prendre l'apéritif dans ce café. Et la plupart du temps, Raymond et Janine Queneau se joignaient à eux. [...]

A cette époque ils habitaient square Desnouettes près de la Porte de Versailles. Ils occupaient un grand studio avec un bel ameublement moderne encore que clairsemé et aux murs couverts de nombreuses peintures de certains de leurs amis. Je me souviens encore d'un Miró, de plusieurs Tanguy et Masson Nous mangions sur une longue table, placée contre un mur mansardé. Le plus souvent, le menu comportait un biftek pommes frites préparé en vitesse par Janine, suivi d'un camembert ou d'un morceau de brie, le tout arrosé de vin rouge. J'ai le goût de ces dîners dans la bouche...

Je savais naturellement que Raymond Queneau écrivait mais je n'avais qu'une vague idée de ce qu'il écrivait, des poèmes, je crois, et des textes relativement courts. Il ne m'a jamais rien montré; bien plus, il ne m'en a même jamais parlé. Par contre, il était intarissable sur les gens qu'il avait rencontrés ou les scènes dont il avait été le témoin pendant ses promenades dans Paris.

Frank Dobo *(L'Herne,* 1975).

Neuilly

L'anecdotique de Raymond Queneau se situe, pour une bonne part, du côté de Neuilly-sur-Seine. Il y habite depuis un certain bout de temps. Nous y voisinions dans la belle avant-guerre. Belle... Nous étions jeunes, c'est-à-dire... [...]

Entre 1930 et 1939 on respirait à Neuilly un petit air banlieusard qui n'était pas sans avoir un petit goût de sel, le sel de l'esprit, bien entendu. J'avais trois voisins, trois amis, dont ça me fait plaisir de parler. Des hommes pas tout à fait pareils de pensée ni d'ouvrage mais qui étaient assis dans le sens de la marche du temps. C'étaient Eugène Jolas, Boris Souvarine, Raymond Queneau. [...]

... Le rôle qu'a pu jouer Raymond à Neuilly? Aucun particulièrement. Y avait-il un rôle à jouer? Remarquons cependant que la signature de Queneau se retrouve au sommaire des revues qui furent, plus ou moins, enfantées à Neuilly (mais aucun point commun entre elles) : *Transition, La Critique sociale, Volontés* et *Le Phare de Neuilly.*

Jacques Baron (*L'Herne*, 1975).

Vacances

Un autre trait qui me frappe chez lui, c'est son horreur de l'exotisme. Vous savez, bien sûr, qu'il n'aime guère les voyages, et cela peut surprendre puisqu'on lui connaît une curiosité inlassable à l'égard de toutes choses. Sans doute regarde-t-il l'exotisme — cette mythification de ce qui est *étranger* — comme une mystification pure et simple. Je me rappelle que nous étions allés en vacances ensemble à Ibiza, dans les Baléares, juste à la veille de la guerre d'Espagne. Ni Queneau ni sa femme ne connaissaient l'Espagne, alors que j'en étais un admirateur fervent. A Barcelone, je les ai emmenés un peu partout. Nous avons vu des églises, des musées, des cabarets, des marchés. Nous avons assisté à une course de taureaux, l'une des plus médiocres que j'aie jamais vues. Tout se passa un peu comme dans les histoires de tables tournantes, ou pour que rien n'arrive il suffit de la présence d'un incrédule. J'ai senti assez vite que Raymond n'était pas à mon diapason, qu'il se fermait de plus en plus. Je pense qu'il était positivement gêné par mon obstination dans l'enthousiasme. Franchement déçu, il refusait, quant à lui, de se laisser leurrer par le clinquant du pittoresque. Je crois qu'il est encore exactement le même à ce point de vue. Quand il voyage, c'est moins pour découvrir du nouveau que pour retrouver, ailleurs, son folklore familier –

ce folklore tout personnel que l'usage mi-sérieux mi-ironique d'une ou de plusieurs rhétoriques lui permet de transformer, magistralement, en une poésie au plus haut point singulière et efficace.

Michel Leiris (dans Jacques Bens : *Queneau, 1962.*

La guerre : un écrivain américain

Un matin, au téléphone « Ici Raymond Queneau, pourrions-nous nous rencontrer? » Je n'en crois pas mes zoreilles. Hugnet avait parlé de ce jeune poète et de sa femme qui montaient du théâtre surréaliste... à Limoges... en 1941.

Et voilà, Queneau n'est plus du tout déguisé en Snark. Je le vois dans ma ville (je lui trouve l'air marrant et anglo-saxon). Avec ses lunettes et ses Knickerbockers, je lui trouve l'air d'un écrivain américain. Je m'attendais, me semble-t-il, à ce qu'il ait cette allure; sans doute la *nouveauté,* la *modernité* d'*Un rude hiver,* des *Temps mêlés* m'avaient paru si fortes qu'elles exigeaient de leur inventeur un écart essentiel par rapport aux autres écrivains, ses compatriotes, l'écart d'un océan et d'un monde au minimum. Tout se passait comme si le Nouveau Monde me paraissait plus digne que le nôtre du nouvel univers et du nouveau langage apportés par l'œuvre de Raymond Queneau. Bien sûr, devait jouer aussi, à propos de cet air, de cette allure à mes yeux amerlock-anglo-saxonne, en sur-ou-sous impression, le souvenir des voix parlant anglais derrière la cloison chez Georges Pelorson, et celui des traductions publiées par Queneau dans *Mesures* : de Walt Whitman, Henry Miller, Marianne Moore, William Carlos Williams, etc. Et puis, « l'air américain », ce n'était pas rien en 1941-1942, n'était-ce pas l'air du large, de l'espoir, de la liberté? Je crois avoir dit alors à mon visiteur non pas tout cela qui était en moi, mais seulement «Vous avez l'air d'un écrivain américain, je trouve. D'ailleurs je vous imaginais comme ça. » Et lui a dû rire. Ça se passait à Limoges, place Jourdan [...].

Georges-Emmanuel Clancier (*L'Herne,* 1975)

Rue Sébastien-Bottin

[Voilà trente ans] qu'il officie dans son petit bureau de la rue Sébastien-Bottin, où il débuta comme secrétaire de Gaston. Et quand je me sens plus ou moins nostalgieux, je frappe sans façon au N° 11, la porte du premier et le trouve comme toujours à son fauteuil, submergé de manuscrits de jeunes et de moins jeunes espoirs qui ont mis tout le leur dans son indulgente sagacité.

Bref, il est donc là, pesamment assis, sans décorum, n'arborant point la moindre décoration, fût-ce le Grand Cordon de l'Ordre de la Grande-Gidouille auquel il a droit en tant que Grand Conservateur (Satrape de surcroît) et pas seulement parce que la sienne commençait à poindre quand une vacherie de la vie la lui fit fondre, en même temps que ce rire que je venais chercher.

Si la gidouille a disparu, le rire est à peu près revenu, et en entendant ses notes barytonnantes ponctuer ses phrases et les miennes, me voilà rassuré; je dois toujours être spirituel, aussi intelligent. Raymond Queneau est le meilleur public de Paris.

Marcel Duhamel (L'Herne, 1975).

'Pataphysique

Les rescapés des cataclysmes de l'an 2000, découvrant sous les cendres de nos cités la collection des *Cahiers du Collège de Pataphysique*, rendront grâce à Faustroll. Intrigués de déchiffrer le nom de Raymond Queneau, « Membre du Corps des Satrapes » au sommaire du premier numéro, ils liront avec la soif qu'on devine ses *Remarques sommaires sur les propriétés aérodynamiques de l'addition*, rapport minutieux sur les conséquences extrêmes d'un cataclysme en arithmétique, suivi d'un inventaire des « solutions imaginaires » à apporter à ces exceptionnelles bourrasques cosmiques. La 'Pataphysique étant, selon Jarry, la science de l'exception, du particulier autant que des solutions imaginaires, nos survivants devineront vite la place incomparablement adéquate occupée par le Satrape Queneau dans le Collège dès son inauguration. D'ailleurs, le calendrier pataphysique (composé en l'an 77 de l'ère pataphysique , 1948-49 de l'ère vulgaire) rend hommage à des enfants de Raymond Queneau : le 18 du mois d'As (20 novembre vulgaire) on fête *Chambernac, pauvriseur*, et le 7 Gidouille (21 juin vulgaire), *Bébé-Toutout, évangéliste*, etc. La collaboration régulière du Transcendant Satrape aux *Cahiers* et aux *Publications Internes,* brillant témoignage de son attachement au Collège, n'exprime pourtant qu'une part de son activité qui ne se limite pas aux seuls travaux littéraires.

Il y a quelques années, au soir du 7 Pédale 82 (vulg. 1ᵉʳ mars 1955), la présence du Trt. Satrape signalée au bar d'un théâtre parisien proche de l'Étoile, piquait la curiosité générale : poursuivant l'ascension des Himalayas de la Pataphysique, sur quel nouveau sommet allait-on voir flotter le pavillon de la Grande Gidouille? La foule intriguée pénétra dans la salle sur les pas du Satrape qui, lesté d'un minime breuvage, gravissait les marches du podium et d'une voix profonde et présidentielle annonçait : « La séance est ouverte! » La foule, muette et ravie, entendit alors le regretté Sainmont disserter, à l'occasion du « 19ᵉ centenaire de l'exaltation de Néron à l'Empire », des conceptions littéraires (et pataphysiques) du pouvoir chez le célèbre Imperator. Les discrètes opinations du Transcendant Président de la séance trahissaient une haute saturation pataphysique. Qu'on n'aille pas croire, selon l'imagerie de nos sociétés tarées, nos orphéons ruraux et nos gouvernements, qu'une fois assuré le moelleux fauteuil présidentiel et la Satrapie, Raymond Queneau s'épanouît, capitonné d'honneurs, dans l'inerte béatitude.

Lorsqu'en Palotin 83 E.P. (vulg. mai 1956) parut enfin le *Cahier Faustroll* (n° 22-23), cette somme des explorations pataphysiques s'ouvrait sur une étude de Raymond Queneau, révélant les fulgurantes spéculations du grammairien et « géomètre » Virgile de Toulouse. Mais, comme s'il voulait aussi découvrir au pataphysicien novice les bornes d'une exclusive exégèse des « œuvres » (le Collège, lisant et étudiant *Faustroll* et autres, n'est pas pour autant une Société des Amis d'Alfred Jarry), le Trt. Satrape se lançait à la même époque à l'assaut des plus rudes bastions de l'administration et de la science. Nombre de commissions, cocommissions, sous-commissions et intermissions aux précises compétences qui, dans le Collège, administrent la science (celle-ci étant essentiellement affaire d'administration et de hiérarchie) doivent leur acharnement et leur essor au Satrape : Président d'honneur de la *sous-commission de la maison de Sa Magnificence*, Président de la *sous-commission des Épiphanies et Ithyphanies*, chargée de collecter et classer les manifestations de l'Absolu, d'établir en outre les projets de manifestations du Collège et de régler les questions d'éclairage, de diffusion des lumières et de l'histoire des civilisations, co-Président de la fondamentale *commission des Imprévisibles* qui étudie les futurs complexes et inconnaissables, élabore des méthodes propres à inclure ou exclure les imprévisibles : voilà, pensera-t-on, de quoi éponger toute une activité humaine et satrapique! Or, on apprit l'an dernier que le Satrape Queneau fondait, avec le régent François Le Lionnais, la nouvelle *sous-commission* dite *de l'OuLiPo*, rattachée à la commission des Imprévisibles! Cet OUvroir de LIttérature POtentielle a pour but de faire apparaître (ou de créer), dans les formes du langage, d'imprévus développements du sens ou de l'expression (les *Cent mille milliards de poèmes* et *le Dossier 17 du collège de Pataphysique* ont manifesté pour la première fois au monde la littérature potentielle recherchée systématiquement comme telle). Ainsi, volant de commission en sous-commission, dissertant, incitant, inclinant, biffant, tançant ou opinant, le Trt. Satrape paraît combler la mesure du dévouement à la pataphysique.

Le 21 Palotin 84 (vulg. 10 mai 1957), le « carnet mondain » du *Figaro* apprenait au vulgaire le décès de Sa Magnificence le Dr Sandomir, alors chef suprême du Collège. Après les mois de deuil, et ceux qu'exigèrent la préparation de l'élection d'un futur vice-curateur, une *pré-commission électorale* établit une liste de quatre noms (ceux des Trts. Satrapes René Clair, Jean Ferry, Boris Vian et Raymond Queneau) qui furent approuvés par l'ensemble des Satrapes. Selon les statuts du Collège, c'est parmi ce *Conventicule des Quatre* que fut désigné l'*unique électeur*, et ce fut le Satrape Queneau. Les destinées du Collège étaient alors entre ses mains : *l'unique électeur* vota, dépouilla son vote devant lui-même et proclama le résultat de son scrutin : le T. S. Baron Mollet devenait le nouveau chef du Collège. Le 25 merdre 86 (vulg. 11 juin 1959), sur la terrasse des Trts. Satrapes Jacques Prévert et Boris Vian (derrière le Moulin Rouge), se déroula l'imposante cérémonie de l'acclamation. Après l'exécution des hymnes pataphysiques officiels, le Trt. Satrape Queneau, unique électeur, épinglait sur la poitrine de Sa Magnificence la Grand-Plaque Blanche du Président par Intérim Perpétuel du Conseil Suprême des Grands Maîtres de l'Ordre de la Grande Gidouille.

C'est en effet au Satrape Queneau que revenait ce dernier honneur : de par ses hautes fonctions dans l'Ordre de la Grande Gidouille (fondé par Alfred Jarry). *Grand conservateur,* il assume la présidence de la *Quadruple Préposition de la Chambre Restreinte des Exécutions Discrètes,* et ce rôle prépondérant dans l'Ordre lui vaut le privilège de porter la même Grand-Plaque Blanche que Sa Magnificence le vice-curateur.

Henri-P. Bouché,
*Provéditeur Général des Affaires Animales et Végétales,
Administrateur des Quinconces,
Grand Déférent Anallagmatique
de l'Ordre de la Grande Gidouille*
(dans Jacques Bens : *Queneau,* 1962).

Souvenir

D'une taille légèrement au-dessus de la moyenne, large d'épaules, les yeux bruns, le visage coloré sous les cheveux blancs, il n'était pas le genre de personne que l'on remarque au premier regard même dans un petit groupe. Et c'était un homme extrêmement timide. Intellectuellement son trait dominant était à mes yeux une sorte de circonspection universelle. Je ne connais que trois personnes qu'il tutoyait et appelait par leur prénom : Michel Leiris, Jean Lescure et François Le Lionnais. On l'a souvent entendu dire qu'une « certaine distance » entre les êtres humains lui paraissait désirable. Et il n'aimait pas qu'on prenne des libertés.

Un jour il me posa des questions à propos de mon chapeau, qui se trouvait être anglais. Je lui donnai tous les détails qui me vinrent à l'esprit. Quelques mois plus tard, il s'acheta lui-même un chapeau : un chapeau soyeux, noir et blanc. Comme je lui disais quelques mots à propos de cette amusante fantaisie, il me regarda de travers. Ne comprenant pas et pensant m'être mal exprimé, j'essayai de m'expliquer mais il me coupa aussitôt la parole et me dit en anglais : « No personal remarks. » Une autre fois nous parlions de lettres, de celles qui peuvent être publiées avec l'autorisation de l'envoyeur et de celles qui sont de nature plus personnelle. Je me hasardai à lui dire que certaines cartes postales n'avaient pas de caractère très personnel et je lui donnai l'exemple d'une carte qu'il m'avait envoyée un jour, et je savais qu'il avait envoyé la même à au moins une autre personne. Cette carte, ou ces cartes, reprenant la devise révolutionnaire, disait : « Salut et fraternité. » « Mais c'est très personnel », me dit-il en me regardant au fond des yeux.

Jean Queval
(*Prospice* n° 8,
publié par Michael Edwards, 1978).

Préface de Claude Debon.   **7**

Table   337

Table   339

BATTRE LA CAMPAGNE

Table 341

Table 343

FENDRE LES FLOTS

Table 345

Table 347

Table 349

Ce volume,
le cent cinquantième de la collection Poésie,
a été achevé d'imprimer
sur les presses de CPI Bussière
à Saint-Amand (Cher),
le 3 mai 2011.
Dépôt légal : mai 2011.
1ᵉʳ dépôt légal dans la collection : mai 1981.
Numéro d'imprimeur : 111481/1.
ISBN 978-2-07-032204-6./Imprimé en France.

185046